グローバル社会の
ヒューマンコミュニケーション

西田 司／小川直人／西田順子

Communication in the Global Society

八朔社

まえがき

　人はさまざまな地域に生まれ，さまざまな考え方や行動の仕方をして生活しています。異なる地域で生まれ育った人とのコミュニケーションは，その人の考え方や行動の仕方を理解しなければ深まっていきません。

　本書では，3つのことを明らかにします。
　第1に，コミュニケーションを理解する方法について明らかにしていきます。人は，自分の方法をもっています。それは，はるか昔に身につけた方法で，その方法を今も繰り返し使っています。その方法は改良されたことはなく，うまくいかないことを何度も経験しているにもかかわらず，改良する方法がわからずにいます。
　コミュニケーションのメカニズムとプロセスを正確に知ることによって，うまくいかなかったとき，何が問題で，どのようにすればよいか，自分で自分のコミュニケーションを改良することができるようになります。

　第2に，相手の文化的な特徴を知ることの重要性を解説していきます。人のもつ文化的特徴がテーマです。違うものを違うと言っても，もともと違うわけですから，意味がありません。何がどの程度違うかについて説明しなければ，役に立たないのです。そこで，客観的分析手法で明らかになった知識をもとに，文化の違いを解説します。

　第3に，文化背景の異なる人との効果的なコミュニケーションについて解説していきます。この能力は，感情と行動に対応しなければなりません。感情と行動に対応するには，体験学習の方法が必須です。
　実践に基づく異文化トレーニングの教育と訓練プログラムを提示し，実際に用いることのできる体験学習のゲームを解説します。

本書は，全体を通して不確実性の減少と制御という観点から，文化背景の異なる人を含む，初対面のコミュニケーションを解説したものです。コミュニケーションという現象を深く理解し，対人能力を高める一助になれば幸いです。

　本書の上梓にあたり，編集人・島村栄一氏，八朔社社長・片倉和夫氏に大変お世話になりました。ここに深謝いたします。

　2016年10月24日

著　者

目　次

まえがき　3

第1部
対人コミュニケーション

第1章　コミュニケーションの見方
1．コミュニケーションの本質……………………………………………11
2．コミュニケーションの環境……………………………………………14
3．コミュニケーションのプロセスと構成概念…………………………18

第2章　マインドフル
1．マインドフル……………………………………………………………23
2．マインドフルになるとき………………………………………………25
3．不安と不確実性とマインドフル………………………………………26
4．マインドフルの測定……………………………………………………27

第3章　不　安
1．不安とコミュニケーション……………………………………………30
2．相手を知ることによる不安の変化……………………………………31
3．集団間の不安……………………………………………………………32
4．文化比較…………………………………………………………………34
5．不安の測定………………………………………………………………37

第4章　不確実性

1．不確実性の定義 ……………………………………………………… 39
2．予測性 ………………………………………………………………… 40
3．上限と下限 …………………………………………………………… 40
4．不確実性の回避 ……………………………………………………… 41
5．不確実性の減少 ……………………………………………………… 43
6．不確実性志向 ………………………………………………………… 44
7．文化的相違 …………………………………………………………… 44
8．不確実性の測定 ……………………………………………………… 45
9．不確実性志向の測定 ………………………………………………… 46

第2部
コミュニケーションに現れる個人の文化的特徴

第5章　個人主義と集団主義：内集団への帰属意識の違い

1．個人主義と集団主義の特徴 ………………………………………… 50
2．自己観との関連 ……………………………………………………… 53
3．自尊心との関連 ……………………………………………………… 54
4．日本人と集団主義 …………………………………………………… 55
5．個人主義／集団主義という理論的枠組の捉え方 ………………… 57
6．個人主義の測定 ……………………………………………………… 59

第6章　その他の文化的変異

1．コンテクスト ………………………………………………………… 61
2．男らしさと女らしさ ………………………………………………… 64
3．権力格差 ……………………………………………………………… 68

第3部
グローバル社会のコミュニケーション

第7章　グローバル社会の人材育成

1．グローバルプログラムの考え方……………………………………72
2．グローバルプログラムの目的………………………………………74
3．グローバルプログラムの理論基盤…………………………………74
4．グローバルプログラムの倫理配慮…………………………………75
5．ファシリテイターの役割と姿勢……………………………………76
6．グローバルプログラム：内容………………………………………76

第8章　異文化トレーニングの歴史

1．1960年代～1970年代…………………………………………………80
2．1970年代～1980年代…………………………………………………83
3．1990年代以降…………………………………………………………88

第9章　シミュレーションゲーム

1．シミュレーションゲームによる教育の特徴………………………93
2．シミュレーションの研究……………………………………………95
3．シミュレーションゲーム……………………………………………96

第10章　クリティカル・インシデントと体験学習エクササイズ

1．クリティカル・インシデント………………………………………105
2．体験学習エクササイズ………………………………………………111

注　114
用語解説　126

あとがき　130

索引　132

＊執筆担当
　西田　司：第1〜4章，第6章，第7章，第10章
　小川直人：第5章
　西田順子：第8章，第9章

第1部

対人コミュニケーション

第1章

コミュニケーションの見方

　私たちは毎日，多くの時間を人とコミュニケーションすることに使います。アメリカ人は1日の半分あるいは3/4の時間，日本の大学生はおよそ7時間を人とのコミュニケーションに使っているといいます。

　そのような毎日の経験から，私たちは自分のコミュニケーションについて，自分はうまくやっていると思っています。努力しなくてもいいとさえ思い込んでいます。しかし，これが間違いです。

　実際，私たちはうまくいかなかった経験をしています。これは，いま用いているコミュニケーションスキルは子供の頃に学んだもので，うまくいかないまま同じスキルを繰り返し使っているところに原因があります。

　コミュニケーションの知識と効果的なスキルを身につければ，コミュニケーションはうまくいくし，たとえうまくいかなくても，うまくいかなかった原因を突き止めることができるようになります。

　本書の目的は，効果的なコミュニケーションに必要な知識とスキルを提供することです。知識とは，コミュニケーションに必要な概念と理論的な見方です。[1] 理論と実践を同時に論じることに矛盾はありません。理論が優れた理論であれば，コミュニケーションを説明することができるだけでなく，効果的なコミュニケーションについても説明することができます。

　コミュニケーションについて記している書物の多くは，理論を用いていません。本書では，理論に基づいて関連する概念を説明し，スキルについて説明します。本書の理論はチャールズ・バーガーの不確実性減少理論とウィリアム・グディカンストの不安／不確実性制御理論です。この2つの理論の主たる概念を使って解説しますが，理論そのものについて論じることはありま

せん。コミュニケーションの見方とメッセージの交換行動に関する概念を使い、日常的な言葉を用いて解説します。

第1章では、インターパーソナル・コミュニケーション[2]の見方を6つ提示します。まずコミュニケーションの本質に関して2つの見方を提示し、次にコミュニケーションの環境に関して4つの見方を提示します。

最後に、コミュニケーションのプロセスと構成概念について解説します。ここでは、グディカンストのコミュニケーション・プロセスを援用しています。

1．コミュニケーションの本質

（1） 記　号

> コミュニケーションは記号を使用する

　記号という概念を用います。言葉も言葉以外のものも記号です。つまり、すべてのものが記号です。言葉も、ジェスチャーも、顔の表情も、服装も、香水も、旗も記号というわけです。

　記号の指し示すものを指示物といいます。記号と指示物の関係は恣意的です。例えば「桃」と言えば、白色やピンク色をして、丸い形の、片手でつかめる果物です。記号の「桃」と、指示物としての「ピンクの丸い果物」は、そう名づけたからそう呼ばれるという関係です。「桃」ではなく、「柿」であってもいいわけです。

　メッセージは記号から作られます。メッセージを作るということは、伝達するために、考え、感情、態度、情報を受け取る人が認識できるような形にすることです。メッセージは送られ、受け取った人によって解釈されます。解釈が成り立つのは、記号に与える意味に共通性があるからです。つまり、お互いが近い意味を与えれば意味は通じます。解釈とは、メッセージや状況からの刺激を五感によって知覚し、意味を与えることです。メッセージの伝達と解釈は生活経験から影響を受けます。問題は、2人の人が同じ知識をもっている、あるいは生活経験をしているということはないので、まったく

同じ解釈をする可能性は低いということです。

（2） メッセージ

メッセージを交換する

　記号を用いて，メッセージを作り，相手に送ります。受け手は送られてきたメッセージを解釈します。メッセージを伝達するという意味は，考えや感情，態度を相手が認識できるフォーム（形）にすることです。メッセージを送るチャンネルにも，いろいろなフォームがあります。例えば，話し言葉，書き言葉，非言語（顔の表情，ジェスチャー，声の調子など）はすべてフォームです。メッセージを解釈するということは，先述したように，メッセージや状況からの刺激を五感によって知覚し，意味を与えることです。

　メッセージの交換は，うまくいくときとそうでないときがあります。1つ目は，まったくメッセージが届かないとき。つまり，相手がメッセージとしてまったく認識しないときです。2つ目は，メッセージは届いたが，解釈する人にとって何の意味もなさなかったとき。メッセージは無視されます。3つ目は，こちらの意味した内容を相手も認識し，そのように解釈するときです。4つ目は，相手の意図したような意味ではなく，違ったように解釈してしまうときです。これが，誤解です。

　相手が与えた意味と違う意味を与えるのが，誤解というわけです。効果的なメッセージの交換が成立するには，相手の与えた意味を見つけなければなりません。

　伝達する，あるいは解釈するときは，私たちの背景と経験が影響します。つまり，私たちの背景と経験が意味を与えます。私たちの背景とは，人種背景，文化背景，家庭背景などで，経験とは，個人としての対人的な経験や対人的な感情などです。同じ背景と経験をもっている人はいないので，相互が同じ解釈をすることは稀です。

　解釈と伝達は同時に起きます。相手の顔の反応を見ながら，もともと伝えようと思っていたものを調整して伝達する場合，解釈しながら伝達しています。「ダメだ」と強く伝えようと思って伝え始めたものの，相手の反応が予想以上に強かったので，少々表現を軟らかくして伝える——これは，私たちが日常的に経験するところです。

以上は，コミュニケーションをプロセス（過程）として見る見方です。1つのプロセスとして見れば，出来事や関係は常に変化し，それが続くことになります。そして始まりもなく，終わりもなく，出来事の連続となります。静的ではなく，動的です。プロセスの見方ではまた，1つの過程に含まれる要素は相互に影響し，1つの要素は全体に影響すると理解します。[3]

メッセージを解釈する

 「メッセージを解釈する」とは，受け取った人がメッセージに意味を与えることです。同じ意味を与える人はいません。先述したように，2人が限りなく近い意味を与えれば，効果的なコミュニケーションが行われたことになります。つまり，効果的なコミュニケーションとは，誤解を最小限にすることです。

 メッセージは人から人に伝達されますが，意味は伝達されません。どのようにしてメッセージに意味が与えられるのでしょうか。意味が与えられるためには，発言・主張の内容，発言・主張の仕方，伝達手段（話し言葉なのか，書き言葉なのか），メッセージが伝達された状況（オフィスの中なのか，家の中なのか），伝達する人，解釈する人，2人の相互作用などが影響します。

 メッセージには2つの面があり，それぞれ意味を与えることに影響します。それは，内容と関係という2つの面です。内容は，メッセージに含まれている情報です。言語で表現された情報ということです。関係とは，どのような言葉を使うか，どのように伝えるかといった，相手との関係が現れる側面です。どのようにコミュニケーションが行われるかによって，2人の関係ははっきりします。[4]

 日本人は，関係という側面に容易に気づくと思います。というのは，人との関係の仕方や相互作用の仕方への感受性が日常的に要求されているからです。関係によって，特定の言葉使いをし，対人距離を図り，対人姿勢を決めています。

 伝える手段も，メッセージの解釈に影響します。これを，チャンネルといいます。人を通して伝える，直接伝える，文章で伝える，口頭で伝える，Eメールで伝える，自筆の手紙で伝えるといった手段の違いがあります。これ

らは，否定的な感情を伝えるときと肯定的な感情を伝えるときに選択する手段の違いでもあります。

　メッセージが伝達される状況も，解釈に影響します。友人でもあり外科医でもある人物が，「お元気ですか」とパーティーで言ったときと診察室で言ったときとでは，解釈が違ってきます。また，状況の違いによって，説明する言葉の量も表現も違ってきます。具体的に正確に詳しく説明しなければならないとき，逆に，そんなに詳しい説明を必要としないときがあります。また，自宅で友人と話しているときはくだけた表現を使い，職場で上司と話すときはフォーマルな表現を使います。

　コミュニケーションの場の人物も，メッセージの解釈に影響します。相手を知っていれば，その情報をもとにして，相手からのメッセージを解釈します。相手を知らないときは，相手に対するステレオタイプを使います。つまり，相手の文化，民族集団，社会階層，ジェンダー，年代といった集団に対して自分のもっているステレオタイプをもとにします。

2．コミュニケーションの環境

(1) 予　測

コミュニケーションは予測する

　コミュニケーションをするとき，私たちは自分の行動および相手の行動を予測します。[5]　多くを予測するときもあれば，そうでないこともあります。例えばパーティーに行った際，魅力的な異性に会い，もう一度会いたいと思う。その目的を達するために，コミュニケーションの方策を選択する。このような状況では多くを予測します。

　意識の低い予測もあります。例えば毎朝のあいさつです。「おはよう」と言えば，相手からも「おはよう」と返事が返ってくると思っています。しかし，「おはよう」の返しがなかったときは，つい，どうしたのだろうと考えます。これは低い意識ですが，まさに予測していたことの証明です。相手が「今日は気分が悪い」と言ったら，いつもの低い意識の予測が満たされなかったわけで，次に何を言うべきかを考えなければなりません。

予測をするためには相手の情報が必要です。情報には，相手の属する集団に関する情報と，相手の個人レベルの情報の2種類があります。

相手の属する集団に関する情報：これは，社会集団の情報と文化集団の情報という意味です。具体的には，女性・男性，先生・生徒，白人・黒人といったカテゴリーに関する情報です。アメリカ人の女性の先生ならば，その集団に対してもっている自分の情報――それが相手の行動を予測する情報となります。

相手の個人レベルの情報：個人も集団の中の1人なので，他のメンバーと類似している部分があります。しかし，個人は他のメンバーとは異なります。個人の心理情報に基づく行動の予測をしなければなりません。つまり，個人間コミュニケーションとなります。

具体的に考えると，恋愛関係の相手の行動を予測するために使える情報は，文化情報，集団情報，個人の心理情報のすべての情報です。一方，留学生の行動を予測するために使える情報は，文化情報と集団情報となります。

（2） 対象範囲

> コミュニケーションは止まらない

「記号は言葉と言葉以外を含む」と述べました。言葉だけが記号と考えると，話し始めと話し終えるときがコミュニケーションの始まりと終わりになります。しかし，言葉以外も記号として扱えば，いつでもメッセージの解釈が起きることになります。なぜなら，言葉以外はいつでも存在するからです。例えば，近すぎる対人距離を性的な侵略と解釈すれば，それがメッセージになるからです。

このように，物理的距離はメッセージとなります。「普通の距離」よりも近づいて話す人であれば，「私のテリトリーを侵している」と解釈し，用心します。あるいは「積極的すぎる」と解釈するかもしれません。これは，その「近い距離」をメッセージと解釈したからです。[6]

あなたの身につけている服もパンツも，あなたの行動も，もちろんあなたの態度や考え，身体の動きであっても，それに誰かが意味を与えれば，つまり解釈すれば，コミュニケーションは成立します。そこにいるだけで，ある

いはそこにいなくても，3日前のあなたの服装に誰かが意味を与えれば，コミュニケーションは成立します。だから，始まりも終わりもなく，止めることはできないというわけです。

コミュニケーションはいつも起きるのだという見方がアメリカで普及したとき，一種のスローガンのような言い回しがありました。それは，You cannot not communicate. です。「コミュニケーションをしないことは不可能である」という意味です。

アメリカでは，1960年代まで言葉を中心にした教育を行ってきました。高校や大学ではスピーチ，パブリックスピーキング，アーギュメンテイション，ディスカッション，ディベートといった教育が行われていました。すべて言葉で相手を説得することを主たる目的とした教育です。[7]

1960年代に，大きな変換をします。コミュニケーションへと舵を切りました。言葉中心の科目から，コミュニケーションの科目に変わったのです。インターパーソナル・コミュニケーションを始めとして，ほとんどの科目にコミュニケーションという名称がつくことになりました。[8]

共通の認識になったのは，先述のスローガンが意味する考え方でした。この考え方が広まるということは，それまでスピーチやディスカッション，ディベートを教えていた教員の数が徐々に減っていったということでもあります。1970年代は2つの見方が入り混じった時代でした。

（3） システム

コミュニケーションはシステムの中の現象である

システムは人で構成されていて，その人の間でコミュニケーションが行われます。1つのシステムは，2人で構成される場合もあり，グループの場合もあり，組織や社会の場合もあります。例えば，家族も1つのシステムです。友達3人も1つのシステムとなります。[9]

システムには特徴があり，その特徴を知っておくことが，そこで行われるコミュニケーションを理解するために重要です。

相互依存の特徴をもつシステムがあります。そのシステムの構成メンバーが相互に依存しているケースです。例えば，母親は家族のみんなに影響を及ぼします。同時に，母親は家族のみんなから影響を受けます。またこのシス

テムでは，それぞれのメンバーの行動は家族みんなの行動に影響します。

次は全体と非合計の特徴です。これは，システムの要素は相互に作用するため，システムの全体は，部分の合計とは違うという考えです。母親，父親，子供を足した合計よりも，それぞれが交流した家族の合計の方が大きいという考えです。家族のメンバーの交流を理解しなければならないというわけです。

もう1つは，オープンの特徴です。ある程度開放的であることは，すべてのシステムに当てはまります。システムの境目はきっちり閉じられているものではなく，情報が外からしみ込んできます。また，外とは実際に情報交換も行われます。1つの家族で個別に成立しているわけではありません。親は職場へ行き，子供は学校へ行きます。親の仕事は子供の在り方に影響し，子供の在り方は親の仕事に影響します。このように，1つのシステムの中のコミュニケーションを理解するためには，外のシステムとの交流も見なければならないのです。

（4） 変 化

コミュニケーションは変化に関わる

メッセージの交換とメッセージの解釈，この2つがコミュニケーションです。そしてコミュニケーションをすることによって，何かが変化します。例えば人と話して，その人を少し理解する。これも変化です。

他に，異文化への態度の変化もあります。出会ったときは相手に対する好奇心だけであっても，時間がたつにつれて，その人間の温かさや信頼について話し合う態度に変化します。これは，交流することによって，もっと知りたい，話したいという態度が現れる現象です。

そのような対人の態度が生まれてくると，さらに信頼を増加させたいと願い，互いの考えや態度を支持するようになります。このようなさらなる態度の変化は，コミュニケーションをすることによって生じます。

価値観の変化も起きます。外国に移住する人は，新しい文化の価値を受け入れます。それまでもっていた価値観を捨てようとします。価値観だけでなく，行動の仕方も新しい文化の仕方に変えます。これは同化のプロセスです。

すべての人が新しい文化にスムーズに同化できるわけではありません。同化には，性格の違いだけでなく，現地の情報を積極的に取り入れる人とそうでない人，例えば，毎日現地の新聞を読む人と読まない人，友達を自分から積極的に見つけていく人とそうでない人など，その人の特徴が影響します。

小集団の討議では，メッセージを交換することにより，当初なかったリーダーシップや団結力，ファンタジーが生まれます。こうした現象は，具体的には，意見を述べる，関連する情報について述べる，賛成や反対の意思表示をするなど，コミュニケーションをすることによって生じます。

このような現象は，成員のやり取りの内容分析の結果からわかります。誰がグループ全体に問いかけているか，あるいは発言を促しているか，誰と誰が意見交換をしているか，誰が誰に対して何回発言したか，発言回数の最も多い人は誰か，最も少ない人は誰か，発言内容が肯定的か否定的かなど，内容を分析して結果を出すわけです。[10]

出会った2人が見つめ合っているだけでは親密な関係にはなりません。友人の関係になるには，2人の間で多くのメッセージが交換されなければなりません。ときには，相手が伝えようとした意味を違って解釈してしまい，親密さが減少することもありますが，一般に，メッセージが交換されることによって2人の親密さは増していきます。

初対面で出会った2人が，まったく知らなかった関係から，知人の関係になり，友人の関係に変化します。この変化にコミュニケーションが関わっています。

3．コミュニケーションのプロセスと構成概念

コミュニケーションのプロセスについて，一般のコミュニケーション・プロセスと，初期のコミュニケーション・プロセスの2つの図を提示します。これは，グディカンストらが教科書に載せた図を日本語に置き換えたものです。[11]

第1章　コミュニケーションの見方

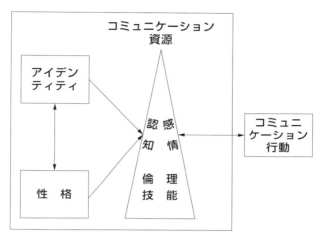

図1　一般のコミュニケーション・プロセス

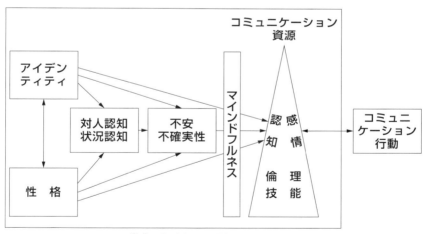

出典：Gudykunst, Ting-Toomey, Sudweeks, & Stewart, 1995

図2　初期のコミュニケーション・プロセス

一般的に，コミュニケーション行動はメッセージを送る人のアイデンティティと性格が影響し，コミュニケーション資源でもって作られ，相手に送られると理解されます。

　一方，コミュニケーションの初期に焦点を当てれば，一般的な要素に加え，対人認知や状況認知，不安/不確実性，マインドフルの要素が重要になってきます。初期段階においては，不安と不確実性を制御することが特に重要で，コミュニケーション行動に「直接的に」影響するとグディカンストはいいます。

　アイデンティティは自分自身を見る見方です。自己概念は3つのアイデンティティからできています。ヒューマン・アイデンティティ，ソーシャル・アイデンティティ，そしてパーソナル・アイデンティティの3つです。[12] 自己概念は自分の考える自分の考えと自分の行動という意味です。自分をどのような人間であるかと考えることは，自分の行動に影響します。さらに相手からのメッセージの解釈に影響します。

　メッセージを解釈し，行動を起こす情報がパーソナル・アイデンティティに基づくならば，個人としての情報によって予測をすることになり，そのコミュニケーションはインターパーソナル・コミュニケーションになります。一方，相手の集団あるいは文化の情報を用いて予測するなら，そのコミュニケーションはインターグループ・コミュニケーションになります。

　性格とは，個人の性質です。その人の外向的・内向的性格，コミュニケーションをする動機などが個人の性質です。

　何の欲求を，どの程度感じ，どの程度もっているかによって，動機に影響が出ます。例えば，相手の言語・非言語行動を予測したいという欲求が満ちてコミュニケーションをしようと思えば，肯定的な態度で相手に近づきます。逆に，欲求が満ちず，コミュニケーションをしようと思わなければ，相手を避けます。例えば，予測できない行動をしている人に対しては，コミュニケーションを避けようとするでしょう。外国人とのコミュニケーションの場合，肯定的でない民族アイデンティティをもっていれば，それがその人の行動に影響を与えます。たぶん，相手を避けることでしょう。状況によっては，起動するアイデンティティもあります。例えば，肉体的に魅力を感じた

異性とコミュニケーションをしようとして動機が働くと，パーソナル・アイデンティティが起動します。[13]

　対人認知と**状況認知**は，アイデンティティと性格に影響を受けます。相手と状況をどのように解釈するかは，コミュニケーションをする動機があるかどうかによっても違ってきます。

　状況認知とは，例えば状況を競争的と解釈するか，協調的と解釈するかということです。その解釈によって，コミュニケーション行動に影響が出ます。

　不安は，不確実性の情緒の側面です。「一般化された，あるいは特定されない不均衡の感覚」(p. 61) と定義されています。[14]

　不安は，何が起きるかについての緊張や心配から生じます。コミュニケーションにはある程度の不安が存在するもので，不安は誰もが対処しなければならないものです。

　不安が高すぎると，コミュニケーションをしなくなり，人を避けようとします。内集団の人とコミュニケーションをするよりも，外集団の人とコミュニケーションをするときに，より高い不安を経験します。

　不確実性は認知概念です。2種類の不確実性があります。予測の不確実性と説明の不確実性です。予測の不確実性は，相手の態度，感情，信念，価値観，行動を予測するときに生じる不確実性です。つまり，相手のそれらがわからないため予測するときに生じる不確実性です。帰属の自信という概念がありますが，それは予測の不確実性の反対概念です。もう1つの不確実性は，相手の態度，感情，信念，価値観，行動がわからないため説明するときに生じる不確実性です。

　知人よりも初対面の人とのコミュニケーションに，より高い不確実性を感じます。[15] 外集団の成員とのコミュニケーションでは，さらに高い不確実性を感じます。

　マインドフルは認知概念です。相手のメッセージを解釈する能力として，モデルに導入します。[15] それは，①新しいカテゴリーを作る，②新しい情報を受け入れる，③1つ以上の見方をする，の3つの能力です。

　マインドフルの状態にあれば，つまり，このような能力が発揮できる状態であれば，より細分化されたカテゴリーを使い，メッセージを解釈すること

ができます。細分化されたカテゴリーを用いるとは，相手に対してもつカテゴリーが，相手の文化，人種，性，さらには組織の中の役割や立場，出身地，スポーツクラブなどと細分化しているということです。細分化した情報をもつことで，相手のコミュニケーション行動の予測をすることができるようになります。[17]

第2章

マインドフル

　人は，意識の高い状態でいつもコミュニケーションをしているわけではありません。日常のコミュニケーションでは，相手のメッセージに十分な意識を向けていないことがあります。相手のメッセージへ意識を向けているということは，注目，気づき，意図，制御といった働きとなって現れますが，それらの行動がいつも行われているわけではないという意味です。相手のメッセージに対して低い意識で自動的に行動する，あるいは自動的にメッセージに対応するといったことをしているというわけです。

　コミュニケーションを効果的に行うためには，コミュニケーション行動に対して意識を高くしなければなりません。意識を高く保っている状態を，ランガーは「マインドフルな」状態だと説明しました。[1]

1．マインドフル

　マインドフルの状態とは，自分の行動と相手の行動に気づいて，コミュニケーションのプロセスに注意を向けている状態です。このような状態で，3つの能力を発揮します。[2]
　(1)　新しいカテゴリーを作る。
　(2)　新しい情報に開放的になる。
　(3)　もう1つの見方に気づく。
　新しいカテゴリーを作るという第1の能力については，古いカテゴリーを考えてみてください。例えば，かつては精神分裂病と呼んでいたものを，いまでは，統合失調症や多重人格などと分類します。新しいカテゴリーを作り，細分化することによって，より正確にメッセージが理解できるようにな

ります。

　人はより多くの分類をしてものごとを理解すべきだとランガーはいいます。例えば，アメリカ人全体を1つのグループとして理解するのではなく，アメリカ人男性，アメリカ人女性と分類する，さらに，年齢によって分類する，あるいは訪日の経験のあるなしで分類する。分類が多くなればなるほど，人は1つの固定観念でアメリカ人を見なくなります。

　グディカンストによると，マインドフルであればあるほど，より細分化したカテゴリーを用いてメッセージを解釈するといいます。相手の文化，民族・人種，性といったカテゴリーだけでなく，さらに細かく，会社における役割や社会的立場，出身地，出身校，属するスポーツクラブなどがわかれば，相手のメッセージの解釈をより正確に行うことができます。つまり相手のコミュニケーションの予測は，細分されたカテゴリーに基づく情報をもつことによって可能になります。[3]

　アメリカの大学教授とのコミュニケーションを例にとると，ヨーロッパ系という文化，民族・人種背景というカテゴリーを用いるだけでなく，男性教授か女性教授か，物わかりのいい教授か，ファーストネームで自分を呼ばせる教授かなどと分類することができ，分類した上で教授からのメッセージを解釈すれば，より正確なものになります。より細分化されたカテゴリーを使うということは，相手の個人に関わる情報を使うという意味です。[4]

　マインドフルであれば，新しい情報に開放的になります。2番目の能力です。逆に，マインドレスの状態では，起きつつあるメッセージの交換に注意を払わない，今回も前回と同じ状況で，同じことが起きているという態度でコミュニケーションをしてしまいます。新しい情報に開放的であれば，自己の行動あるいは相手の行動に，前回の行動とは違うところを見つけるものです。その場でその時に起きていることに注目するとき，新しい情報に開放的になることができます。すでに起きたことあるいはこれから起きることについて考えていると，その場に現れる新しい情報に開放的でなくなります。

　新しい情報に開放的になるということは，コミュニケーションのプロセスに注目することです。コミュニケーションの結果に注目することではありません。結果を考えてしまうのは，マインドレスの状態にあることを意味します。マインドレスの状態にあると，微妙な合図を見落とし，結果として誤解

を生むことになります。コミュニケーションのプロセスに注目すると，行動にマインドフルになり，状況に注意を集中するようになります。

　もう1つの見方に気づくというのが第3の能力です。マインドレスでコミュニケーションをすると，もう1つの解釈があることに気づかないことがあります。固定した考え方でコミュニケーションをすると，実際どのように行動するか，選択の幅を限定してしまいます。マインドフルの状態にあると，いろいろな状況でメッセージの合図に気づき，使える方策の幅を広げることができるようになります。

　もう1つの見方に気づくことは，効果的なコミュニケーションにとって重要なことです。相手はその人の見方でメッセージを理解し，その見方は私の見方ではないということに気づくところから，コミュニケーションの効果についての理解は始まります。マインドレスの状態にあると，相手も自分と同じ見方をしていると考えてしまいます。相手は違った見方をしていると気づくのは，自分がコミュニケーションのプロセスに注意を払っているときです。

　もう1つの見方に気づくかどうかが，生死に関わることもあります。最近の出来事ですが，地方の代議士が病気になり，病院で治療を受けたそうです。そして会計の際，自分が番号で呼ばれたことに腹を立て，「名前を呼ばずに番号で呼ぶとは何ごとか，ここは刑務所か」と怒りを爆発させました。さらに，自分のブログに，病院の対応について苦情を書き込みました。このことが世間に知られるようになり，メディアは代議士の傲慢さを攻撃しました。代議士は耐えられずに自殺しました。

　実は，患者を番号で呼ぶことには別の解釈があります。特に地方の病院では，名前を呼べば人物が特定されてしまい，病気が他人に知られてしまうということが起こります。そこで，個人の特定化を防ぐために番号で呼ぶという解釈もあるのです。このことに気づいていれば，その代議士は，今回のような行動に出なかったと思います。

2．マインドフルになるとき

　人は努力しなくても，自然に，マインドフルになるときがあります。例え

ば，適切なスクリプトがないとき，人は意識の高い状態になります。あるいは，スクリプトによる行動をするには大変な努力が必要なときも，人はマインドフルになります。また複数のスクリプトがぶつかり合うときもマインドフルになります。

スクリプトは，集団の人々が共通にもっているコミュニケーションの習慣的なパターンです。[5] スクリプトをもつことは，予測を可能にします。特定の場における相手の行動への予想を可能にするということです。例えば，初めて経験する状況では，私たちはどのように行動すればよいのかを判断するための合図を探します。[6] しかし，同じような状況を繰り返し経験すれば，どのように行動するかについて考える必要は減少し，スクリプトをもつようになります。

私たちは，アメリカ人とのコミュニケーションでは，程度の差こそあれマインドフルになります。その理由は，文化背景が異なり，自分の文化から見て逸脱した行動や期待違反の行動を相手がするからであり，状況と人間関係に必要なスクリプトをもっていないからです。

プロセスに注目してコミュニケーションをすることが大切です。一般的に，結果にとらわれ過ぎると，プロセスに注意を向けなくなり，効果的なコミュニケーションを行うことが難しくなります。特に，自己の文化基準で解釈しがちなアメリカ人とのコミュニケーションにおいては，プロセスに敏感になるべきです。

3．不安と不確実性とマインドフル

不安と不確実性については，第3章と第4章で詳しく取り上げるので，ここでは概略的に述べておきます。

コミュニケーションをするとき，ある程度の不安を経験します。不安は，何が起きるかについての緊張や心配から生じます。不安は誰もが対処しなければならないものです。[7]

不安についての調査結果があります。[8] ステファンたちによると，アメリカでは否定的に評価されることから不安は生まれます。4つの原因が報告されています。

それは，①自分のアイデンティティを否定される恐れ，②自分の行動を否定される恐れ，③否定的に評価される恐れ，④属する集団の成員から否定的に評価される恐れ，です。アメリカ社会の民族集団間の人間関係を考えると，十分納得のいく結果です。

　不確実性は，認知的な無力さを意味します。つまり，自分自身と相手の態度や感情，価値観，行動を予測し，説明する能力の無さという意味です。バーガーらによると，予測の不確実性は初対面の相手の態度，感情，信念，価値観，行動を予測するときに生じる不確実性です。説明の不確実性は態度，感情，思考を説明するときに生じる不確実性です。[9]
　不安と不確実性を制御するには，マインドフルの能力が必要であるというのがグディカンストの述べるところです。[10] 相手に関する情報を得ることで不安と不確実性を制御させることができます。相手に関する情報を得るためにはマインドフルになっていなければならない。よって不安と不確実性を制御するには，マインドフルの能力が必要ということになります。

4．マインドフルの測定

　あなたがどのくらいマインドフルであるかを測定するのは簡単ではありません。ここで提示するのは自己報告，自己評価の方法です。つまり，自分自身のコミュニケーションについて自分で答えてもらう形なので，おそらく，実際のコミュニケーションのときにそうするというよりも，自分のマインドフルを過大に評価することが考えられます。しかし，いつものコミュニケーションを想像し回答してもらえれば，おおよそ妥当な結果を得ることができるはずです。[11]
　マインドフルの傾向を測定する尺度の項目を，これまでの議論から作成します。まずマインドフルでコミュニケーションを行えば，自分のもっているカテゴリーに入らないとき，新しいカテゴリーを作ることができます。初対面の人や異文化の人からのメッセージに含まれている新しい情報に対して，開放的になることができます。また，メッセージを解釈するとき，いつもの見方ではなく，もう1つの見方に気づきます。

第1部　対人コミュニケーション

　マインドフルであれば，相手への注目を増加させるだけでなく，コミュニケーションをする場面や状況にも注意を払うようになります。さらに，コミュニケーションの結果ではなく，プロセスに注意を向けるようになります。結果に注目するという意味は，自分の意図するメッセージが相手に伝わったかどうかに注目するということです。そうすれば，メッセージの解釈や，メッセージの発信と受信，相手の観察，コミュニケーションの状況に注目するようになり，コミュニケーションの1つ1つのプロセスに注意するようになります。これらに注意を払えるのは，マインドフルの状態にあるからだということです。

　以上のような点を反映させ，マインドフルを測定します。[12]

　あなたのマインドフルを測定します。それぞれの項目を読み，普段の自分のコミュニケーションの仕方について，「決してそういうことはない」と思えば1，「あまりそういうことはない」と思えば2，「そういうときもそうでないときもある」と思えば3，「たいていそうである」と思えば4，「いつもそうである」と思えば5を，それぞれの文頭の空所に記入してください。どうあるべきかではなく，ありのままを正直に判断してください。

(　　) 1. コミュニケーションをする相手について知らなかった新しい情報を得ようとする。
(　　) 2. 初対面の人とコミュニケーションをするとき，理解できないメッセージにはあえて注意は払わない。
(　　) 3. 相手は自分とは異なるものの見方をするということを承知したうえで，コミュニケーションをする。
(　　) 4. 初対面の人とコミュニケーションをするとき，結果がどうなるか気にする。
(　　) 5. それはダメだと私が思う方法で相手がコミュニケーションをしてくるとき，合理的な理由を見つけようとする。
(　　) 6. コミュニケーションをする相手を事細やかに描写するのは苦手である。
(　　) 7. コミュニケーションをするとき，その場や状況に注意を払う。
(　　) 8. 相手の行動を予測するために私が相手を分類しているカテゴリーを用いる。

あなたのマインドフルのレベルを計算するには，偶数の項目番号（2，4，6，8）の文頭にあなたが記入した数字を次のように変えてください。5は1に，4は2に，2は4に，1は5に変えてください。この後，すべての項目（1から8）の数字を合計してください。それがあなたのマインドフルのレベルです。数字の範囲は8から40です。数字が大きければ大きいほど，あなたのマインドフルのレベルは高いということになります。数値が高いからあるいは低いからよい，あるいはよくないということはありません。数値は傾向を表しているだけです。

第1部 対人コミュニケーション

第3章

不　安

　不安は，次に何が起きるのだろうかと心配したり，緊張したりすることから生じます。例えば，自分の英語の発音で伝わるのだろうかと，アメリカ人を目の前にして不安を覚えます。あるいは討議の場で，自分の主張は賛成を得られないのではないか，否定されるのではないかと，否定的な結果を心配し，恐れることから不安は生じます。

　不安が高すぎたり低すぎたりすれば，効果的なコミュニケーションは望めません。高すぎると，緊張して余裕をなくし，相手のメッセージを一方的に解釈してしまう。低すぎると，相手のメッセージに無頓着になり，うわの空で聞くことになり，効果的なコミュニケーションは生まれません。効果的なコミュニケーションをするためには，不安を制御する必要があります。

　状況を理解できないときも不安を経験します。つまり，不安の制御はすべての人にとって大きな問題だということができます。

1．不安とコミュニケーション

　高い不安は，コミュニケーションをする動機に影響します。[1]

　コミュニケーションをするとき，ある程度の不安を感じます。そして，不安には上限と下限があるというのがグディカンストの説明です。[2] 不安の上限を超えると，コミュニケーションをしようとしなくなります。一方，不安の下限を下回ると，コミュニケーションをするための十分なアドレナリンが出ません。つまり，効果的なコミュニケーションをしようと思ったら，不安は上限と下限の間になければなりません。

　不安が上限を超えるあるいは下限を下回ると，メッセージの交換が単純な

ものになってしまいます。例えば，不安が高すぎると，自分のもっているステレオタイプでメッセージを解釈してしまいます。ステレオタイプは私たちが集団に対してもっているイメージです。集団に対するものなので，個人のメッセージに対してはきわめて不正確になります。ステレオタイプは正確ではないので，私たちの予測は不正確になり，効果的なコミュニケーションができません。

　不安が上限と下限の間にあれば，相手の考え，感情，そして行動を予測する自信が生まれます。さらに，適度な不安であれば，マインドフルの機能が発揮されやすくなります。しかし，自信がないときに，また裏づけもないのに，過剰な自信が生じることもあります。このような過剰の自信が生じていると，誤解につながる合図に気づかないものです。

　不安のレベルは個人によって異なります。不安の高い人もいれば，そうでない人もいます。手に汗を握るようだったら，十分に，不安の上限を上回っていると思います。気持ちよくコミュニケーションができないのは，すでに不安が高すぎるからです。低すぎると，何が起きても気にならない状態になります。

2．相手を知ることによる不安の変化

　相手を知ることによって不安が減少することを，私たちは経験します。しかし，不安は一定のスピードで減少するわけではありません。2人の間のコミュニケーションの仕方や，メッセージの解釈によっては，不安は増大します。

　例えば，初対面の人とのコミュニケーションでは不安が上限を超えることがあります。相手が魅力的な人であったり，外国の人であったりすれば，不安は高くなります。しかし，話をすることによって不安は減少します。それは，相手が恐れるあるいは緊張する対象ではないことを知ったからです。さらに話をすることによって，不安はさらに減少します。親密さが生まれると，不安は減少します。不安が減少し，一定のレベルになった後でも，不安は状況によってさらに上下します。例えば，親密になって不安が低くなっていても，初めてのデートに誘うとき，不安は上昇します。

不安のレベルが低くなり、状況によっては下限を下回ることもあります。下限を下回ると、コミュニケーションをしようという動機が減少します。動機が減少すると、効果的なコミュニケーションをする努力をしなくなります。そのような状況で、突然何かが起きると、いきなり不安が上昇します。例えば、関係がうまくいっていて、この関係を続けようと思っているところに、いきなり彼女から関係を解消したいと切り出されると、不安は急上昇します。

3．集団間の不安

　アメリカ社会には、文化が融合している面と、文化の壁が高い面とがあります。前者は、ヨーロッパ系という呼び方が示しているような、1つの人種・民族背景を名乗らない感覚です。一方、後者は民族としての意識が強い感覚です。ニューヨーク、ボストン、シカゴといった大都会に存在する感覚で、このような都市は、地区によって特定の人種・民族集団がたくさん住んでいます。

　人種の違いによる心理的あるいは社会的距離も存在します。あるヨーロッパ系の女子大生は、アフリカ系の学生と初めて話したのは大学生になってからだと言っていました。そんなに昔の話ではなく、現在50歳くらいの人の若い頃の話です。

　アメリカ人が経験する不安について、調査が行われました。ステファンらが行った研究ですが、不安の生まれる4つの理由を見つけています。[3]
　(1)　自己概念を否定される心配と恐れ
　(2)　自分の行動を否定される心配と恐れ
　(3)　外集団に否定的に評価される心配と恐れ
　(4)　内集団に否定的に評価される心配と恐れ

　1番目の自己概念は、自分自身は何者かについての自分の考え、何が大事かに関する自分の考え、何が好きで何が嫌いかに関する自分の考え、何をすべきか何をすべきでないかに関する自分の考えなど、自分の考えや価値観とそれに伴う行動です。つまり、自分は何者かを決めている内容ということになります。これを否定されるのではないかという心配と恐れから、不安は生

まれます。

　2番目は，自分の行動を否定される恐れから生じる不安です。同じアメリカ人であっても，ヨーロッパ系とアフリカ系では，コミュニケーションの行動はずいぶん違います。例えば，カーチマンは，通勤途中に数年ぶりにかつての同僚に会ったときの行動について解説しています。[4)] まず，ヨーロッパ系のケースは次のようになります。

　かつての同僚に街中で偶然出会うと，相手を確認し，再会の喜びを表します。この表し方が，まず違います。ヨーロッパ系は握手をし，言葉で再会の喜びを表します。そして，現在何をしているか，家族は元気かなど，互いに言葉で確認します。そして，もう一度会うことを約束し，連絡先を交換し，その場を去ります。これが平均的です。

　アフリカ系は，会ったとたんにハグし，キスし，再会の喜びを表します。現在何をしているかといった話を始める前に，どこか座って話せるところに行って話さないかと，予定していたことは放っておいて，2人でその場を立ち去ってしまいます。

　ヨーロッパ系とアフリカ系の違いは，まず，再会した2人の物理的距離（対人距離とタッチ）です。アフリカ系はハグし，キスし，抱き合います。ヨーロッパ系は，握手はしますが，互いに離れています。次に，顔，身体を使っての感情表現です（行動）。アフリカ系の方が顔の表情が豊かで，身体にも動きがあります。そして，予定したスケジュールを優先するのか，目の前で起きた出来事への対応を優先するのかについての考えと行動（時間の捉え方）にも違いがあります。

　再会の場面を検証するだけでも，ヨーロッパ系とアフリカ系の間には，このような違いがあります。その結果，自分の行動が否定されないかと心配し，恐れることになります。

　自分の態度，感情，信念，価値観，行動などが外集団によって否定的に評価されたとしたら，あなたはどうしますか。それが3番目の不安が生じる理由です。この内容は，その人自身の定義です。つまり，その人のアイデンティティです。それを否定的に評価されてしまう心配と恐れがあれば，不安は増加します。

　4番目の内集団による否定的評価という問題も，不安を生じさせます。ア

メリカ社会での逸話があります。[5] 民族背景の異なる人同士の結婚にまつわる話です。結婚前には、それぞれに友人がいました。アフリカ系新郎にはアフリカ系の友人、ヨーロッパ系新婦にはヨーロッパ系の友人です。しかし、結婚を機に、それまでの友人は去って行きました。そしてその後の2人の友人は、2人が結婚してから友人になった人ばかりになったといいます。

これは実際のインフォーマントにインタビューした調査結果ですが、自分の内集団の人から否定的に評価されるだけでなく、拒否されたケースです。彼らは、自分たちを受け入れ、友人として共に生きていける新しい内集団を形成していくことになりました。

4．文化比較

対人のコミュニケーション不安を明らかにするには、不安を経験する状況と、どのような人とコミュニケーションをするかという2つの要素が決め手になります。ウエスト・ヴァージニア大学のジェームズ・マクロスキー教授の開発した、コミュニケーション不安を測定する尺度を紹介します。[6] 尺度そのものについては、掲載されている専門書を参照願いますが、概略を説明します。

この尺度では、人の話す状況が4つ設定されています。2人で話す状況、数人で話し合う状況、ある程度の人数による会議の状況、講演をするような広い状況の4つです。それが1つの基軸です。

もう1つの基軸は人間関係の親密さです。コミュニケーションをする相手との関係を親密さの違いで表し、3つの人間関係を設定しています。初対面の人、顔見知りの人、友人という3つの異なる親密さです。顔見知り程度というのは、大学生でいえば、同じ科目を履修していて、教室で見かけるけれど親しく話したことはないといった相手を想定します。

会議や講演というのは公的なコミュニケーションで、2人で話すのはプライベートなコミュニケーションです。数人で話すというのは、会議を想定しています。ですから、公的です。相手によっては、親密さの高い人もそうでない人もいます。企業であっても教室であっても、初対面で討議することもあるわけです。

不安の尺度は全体で24項目からできています。それぞれの項目には、自分がどの程度項目に書かれている内容に賛同するか、5段階で回答します。つまり、5段階評価の作り方になっています。尺度の構築者のマクロスキーは学生、社会人を併せ、10万人以上のデータを集めています。

　マクロスキーの尺度を日本語に訳し、808人を対象に、コミュニケーション不安を測定したことがあります。[7] その結果、日米で大きな違いが出ました。全体において、日本人はアメリカ人よりもコミュニケーション不安は高く、状況においても、2人で話す状況、数人で話し合う状況、ある程度の人数による会議の状況という3つの状況で、日本人の不安がアメリカ人よりも高い結果になりました。大勢の人の前での講演には、日米の間に違いはありませんでした。

　アメリカ人同士や、日本人同士でコミュニケーションをするときは、互いに同じくらいの不安の高さなので、不安のレベルは大きな問題になりません。しかし、不安のレベルに差のある2人がコミュニケーションをすると問題が起きます。

　人は、自分を基準にして、相手を理解しがちです。不安についても同じことがいえます。例えば、日本人の不安の高さについて、おとなしくて積極的でない面を「シャイ」と解釈するだけでなく、「よそよそしい」「コミュニケーションするのを嫌がっている」「コミュニケーションするのを避けている」と解釈し、判断してしまったりします。

　アメリカ人が、不安の高さゆえの行動をこのように否定的に評価する理由は、アメリカ人として成長する過程で、コミュニケーションの回避行動はよくない、そのような行動は矯正されるべきだと教えられるからです。この問題は、治療によって矯正されるというより、人との交流の中で、個人が修正し学習していきます。個人主義の社会では常に、コミュニケーションをして自己を主張することを日常生活の中で求められます。

　日本の調査には、社会人が100人ほど含まれていました。彼らの不安の数値は日本人大学生よりも低く、アメリカ人の平均に近い数値でした。そこから2つの考察ができます。

　1つは、社会訓練という問題です。日本の社会人の不安が大学生よりも低

い理由は，社会に出て自ら人と交流することにより，不安の状況に慣れていったのではないかという推測です。一種の社会訓練を受けることによって，対人不安が抑制され，その結果，減少したという推測です。ディスカッションであれ，会議での発言であれ，あるいは講演であれ，経験し慣れることによって，学生時代に高かった不安も減少したのではないかと考えられます。

もう1つは，学校教育の問題です。これには，発言させる教育があるかないかという問題と，教育の内容という2つの問題があります。

アメリカ人らしさを作っている教育の1つは，スピーチ教育です。スピーチ教育は民主主義に直結する問題です。1960年代にスピーチ教育からコミュニケーション教育へと変化していますが，スピーチ教育の基本はしっかりとしています。

スピーチやパブリック・スピーキングといった授業は，高等学校でも大学でも充実していました。1970年代までは，発音矯正というオフィスも大学に置かれていました。文字通り，英語を正しく発音できない人を矯正する専門家がいて，発音を矯正するオフィスです。交通事故などで発音が正確にできなくなった人や，正確な英語の発音ができない人や，留学生を対象にしていました。

人前で行うスピーチやパブリックスキーピング以外に，アーギュメンテーション，グループ・ディスカッション，ディベートといった科目を置いていました。1対1のアーギュメンテーション，1対複数の人のグループ・ディスカッション，集団対集団のディベートといった討議を，理論と実践という両面から教えていました。

学校教育のもう1つの面は，教え方についてです。科目は，理論と実践に分かれます。この2つが別々の科目になっています。知識として教えられるものと，体験を通して個人の能力を高めるものを分けているのです。

スピーチをする，あるいは討議するといった技能は経験することによって学ぶことができます。ですから，そのための科目を作り，実践することから学ばせ，習得させるわけです。

アーギュメンテーションという科目を履修したことがあります（西田司）。1つの科目でしたが，理論と実践を学びました。先生はまず，アーギュメンテーションの歴史と理論について説明し，そしてアメリカ社会における役

割，背景や理論について解説しました。

その後，学生は実践を求められました。1対1の討議でした。裁判例を題材にしました。私の相手には，シカゴで生まれ育った黒人の学生が指名されました。1週間かけて準備し，私と黒人学生が弁護側と検察側になり，事件を取り上げて討議します。私たち2人の討議を聞いた学生たちが，最後に投票して無罪有罪を決めるという形です。

どの裁判を選ぶか，私は考えました。最近の事件では，シカゴで育った人が有利です。

そこで私は，100年前の殺人事件を弁護したいと申し出て，了解を取りました。図書館へ行って調べてみると，当時の判決はけっこう緩かったことがわかりました。斧で殺害に及んだとありましたが，その斧は見つからないままでした。素行の悪さと育ちの悪さが，記録に残されていました。結局，その緩さを問題にした私が，多くの学生の賛成を得て議論に勝ちました。

アメリカの政治家や著名人に演説のうまい人がいるのは偶然ではありません。背景に，このような高校や大学における実践の教育があるからです。このような教育を受けることによって，アメリカ人は人前で話すことに慣れていくのです。

5．不安の測定

状況によって，また相手によって，私たちの不安は減少あるいは増加します。不安に影響を与える要素は，状況と相手以外にもあります。例えば，どの程度その状況を知っているか，どのように行動すればいいか知っているか，相手の行動に対する期待をどの程度感じているか，相手に対してどの程度類似を感じているかなどによって，私たちの不安は高くなったり低くなったりします。

以下に，対人のコミュニケーション不安を測定する尺度を提示しますが，この尺度はグディカンストがステファンたちの研究をもとに作成したものです。その研究については，集団間の不安の項で詳しく説明しました。そこで述べられている内容は，アメリカ社会の民族間の構造を反映した不安の存在でした。

もう一点，明らかにしておきたい点があります。それは，グディカンストは不安と不確実性の制御がコミュニケーション行動に主たる影響を与えると理解している点です。さらにグディカンストは，不安と不確実性は正の関係にあり（一方が増加すれば，もう一方も増加する。逆についてもそのことがいえる），そして不安と不確実性には上限と下限があると説明しています。

　初対面の人とのコミュニケーションで経験する不安の測定です。それぞれの項目を読み，「いつもそうである」と思えば5，「たいていそうである」と思えば4，「そういうときもそうでないときもある」と思えば3，「ほとんどそういうことはない」と思えば2，「決してそういうことはない」と思えば1を，それぞれの文頭の空所に記入してください。

（　　）1．初対面の人とコミュニケーションをするとき，私はストレスを感じる。
（　　）2．初対面の人とコミュニケーションをするとき，私は落ち着いている。
（　　）3．初対面の人とコミュニケーションをするとき，私はイライラする。
（　　）4．初対面の人とコミュニケーションをするとき，私はリラックスする。
（　　）5．初対面の人とコミュニケーションをするとき，私は欲求不満を感じる。
（　　）6．初対面の人とコミュニケーションをするとき，私は平静である。
（　　）7．初対面の人とコミュニケーションをするとき，私は心配である。
（　　）8．初対面の人とコミュニケーションをするとき，私は興奮しない。

　あなたの不安のレベルを計算するには，偶数の項目番号（2，4，6，8）の文頭に記入した数字を次のように変えてください。5は1に，4は2に，2は4に，1は5に変えてください。その後，すべての項目（1から8）の数字を合計してください。それがあなたの不安のレベルです。数字が大きければ大きいほど，あなたの不安のレベルは高いことになります。数値が高いからあるいは低いからよい，あるいはよくないということはありません。数値は傾向を表しているだけです。

第 4 章

不確実性

　コミュニケーションをするとき，人はある程度の不確実性を経験します。相手のすべてを知っているわけではないからです。相手に関する不確実な部分を減少させることによって，つまり相手を知ることによって，より効果的なコミュニケーションをすることができるようになります。

　人は 3 つのレベルでメッセージを理解します。[1] 記述，予測，説明の 3 つです。記述のレベルは，描写するレベルです。起きたことを言葉でなぞるわけです。予測のレベルは，特定の状況で起きるコミュニケーションを予測するレベルです。説明のレベルは，起きたことの理由を述べるレベルです。

　コミュニケーションがうまくいかない場合，たいていは記述を飛ばして，メッセージを解釈してしまっています。メッセージは，自分の知識と経験を使って解釈しますが，相手がメッセージに込めた意味といつも同じになるものではありません。また，自分の知識と経験は相手の知識や経験と異なるので，メッセージの解釈に違いが出ます。そこに誤解が生まれます。

1．不確実性の定義

　不確実性は相手の考えや行動がわからないときに経験する，不確かな状態です。友人とのコミュニケーションと初対面の人とのコミュニケーションを比べれば，その差は明らかです。相手が友人なら，好みや出身地など，個人としてその人を知っています。不確実なことが少ないだけにその人からのメッセージの解釈は正確になります。

　しかし，初対面の人に対しては，その人に関する知識をもっていません。その人の属する集団に対する情報は，ある程度もっています。そこで，その

知識に基づいて,相手からのメッセージを解釈することになります。そのときには,高い不確実性を経験することもあるわけです。

不確実性には,相手のコミュケーション行動を予測するときに感じる不確実性と,相手のコミュケーション行動を説明するときに感じる不確実性の2つがあります。何を予測できない,あるいは説明できないときに不確実性を感じるのでしょうか。人は相手の態度,感情,信念,価値観,行動について予測できないとき,あるいは説明できないとき,不確実性を感じるといいます。つまり不確実性は,相手の態度,感情,信念,価値観,行動を予測する,あるいは説明する能力の不確かさを意味します。[2]

2．予測性

人は自分の文化の規範とルールに基づくコミュニケーションをします。それゆえに初対面の人であっても,相手が文化の規範とルールに基づいたコミュニケーションをする限り,その人の行動を予測することができます。

予測は,スクリプトに基づきます。人は,この状況ではこのようにコミュニケーションをするというスクリプトをもっていて,それに基づき行動します。そのスクリプトをもっている人は,相手もその状況ではそのようなコミュニケーションをするだろうと予測します。そして,相手もスクリプト通りに行動するだろうという予測に基づいて行動します。

3．上限と下限

不安が感情的な反応であるのに対し,不確実性は認知的な反応です。不安と不確実性に制御という考えが導入されているグディカンストの理論は,上限と下限の範囲があることを前提にしています。上限を上回ったり,下限を下回ったりすると,コミュニケーションの効果は落ちるといいます。[3]

上限とは,コミュニケーションを予測する際に経験する不確実性の最高値,下限とは,コミュニケーションすることに退屈しないあるいは予測するのに自信過剰にならない最低値ということができます。

相手の行動を予測し説明する際に必要な情報が不足していると思うとき

は，不確実性が上限を超えています。そのようなとき，ヨーロッパ系アメリカ人は相手の個人情報を求めます。一方，日本人は相手の属する集団の情報を得ようとします。[4]

　不確実性が下限を下回るとき，コミュニケーションの予測は簡単だと考えてしまいます。つまり，予測することへの自信が高くなっています。しかし，予測する自信の高さは自信過剰や倦怠感と関連します。自信過剰と倦怠感は誤解を生みます。

　このような議論から，グディカンストは，「コミュニケーションが効果的に行われるには，不確実性は上限と下限の間になければならない。上限と下限の間にあれば，相手の考えや感情，行動などを自信をもって予測することができる。自信がないときは逆に，自信過剰に陥ることがある。過剰な自信さえ生まれなければ，誤解の原因になる合図に気づく」[5]と検証しました。

　1980年代～90年代に明らかになったことは次の点です。一般的に，相手に関する情報を増やすことで不確実性は減少します。一方，関係が親密になっても必ずしも不確実性は減少するとは限らず，増加することもあります。時間の経過とともに一定に減少するわけではなく，特定のコミュニケーションによっては増加することもあることがわかりました。

4．不確実性の回避

　不確実性は人により，また文化により異なります。相手の行動に対する不確実性や，対人関係のあいまいさに対する許容のレベルは人や文化によって異なるというのがホフステードの結論でした。[6] そして，不確実性を回避する傾向も，人によって，また文化によって異なります。

　次に比較する文章は，Aが不確実性回避傾向の強い人，Bが不確実性回避傾向の強くない人の特徴です。すべてホフステードの結果からです。

(1)　A：不確かなことは脅威に思い，取り除かないといけないと考える。
　　　B：不確実なことやあいまいなことは生活の中にいつもあり，私たちは日々，受け入れて生きていると考える。
(2)　A：あいまいな状況やよくわからないことから生じる危機には，不安

　　　　　を感じる。
　　　　B：少々のあいまいさやよくわからない危機があっても，気にしない。
(3)　A：私のストレスは高いと感じる。
　　　　B：私のストレスは低いと感じる。
(4)　A：攻撃的な態度や感情といったものは，場所と時を選び，私は表に出す。
　　　　B：攻撃的な態度や感情といったものは，私は表に出さない。
(5)　A：異なるということは，危険であると思う。
　　　　B：異なるということは，好奇心をそそられると思う。

　不確実性を回避する傾向の強い人は，あいまいなことに対する許容のレベルが低いというわけです。つまり不確実性の回避傾向の強い人は，コミュニケーションを始める前に，相手がどういう人かわからないと困ると考える人です。したがって，回避傾向の強い人にとっては，アメリカ人を回避するのは英語ができないからだけでなく，考えや行動がわからないからでもあるということになります。

　不確実性の回避傾向の強い人は，はっきりとした規則を必要とする人です。会ってコミュニケーションをするとき，「どのような状況で」「どのような関係にある人で」「何を目的に」「どの程度の時間」といった点がはっきりしていないといけないと考えます。あいまいだと不安を感じて困る，ゆえに，そのような状況を回避しようとします。

　不確実性の回避傾向の強い人は，逸脱した考えや行動に対する許容のレベルも低いといわれます。集団には，集団の認める考えや行動があります。そして集団はある程度の幅でそれを認めます。その度合いが問題になります。不確実性の回避傾向の極端に強い人は，「考えや行動が周りの人と同じであることはいいことだ。集団の成員は同じ考えや行動をすべきだ。そうしない場合は，批判や攻撃の対象とする」と考える傾向をもっています。

　不確実性の回避傾向の強い人とそうでない人は，異なるものへの態度も違います。回避傾向の強くない人は，異なるものは好奇心をそそると感じますが，回避傾向の強い人は，異なるものは危険だと感じます。

さらに，不確実性の回避傾向の強い人の特徴は，出会いが儀式的なことです。つまり交わす言葉や，出会いの行動を決めていて，その通りに行動します。

　異なる人がいる場合，不確実性の回避傾向の強い人は思いもよらぬ行動を起こすことがあります。あたかもそこにはその異なる人がいないかのごとくふるまう，あるいは無視するといった行動に出ます。知らないふりをし，無視することによって不確実性やストレスを回避しているのです。

5．不確実性の減少

　どのようにすれば不確実性を減少させることができるでしょうか。1つは，コミュニケーションをする相手に関する情報を得ることです。相手に関する情報を得れば，不確実性は減少するというこの因果関係を，アメリカの大学生は明確に支持しています。

　コミュニケーションをする相手の情報を獲得するには3つの方法があるとバーガーはいいます。

　第1は，観察です。相手を観察するという消極的な方法ですが，コミュニケーションの流れを妨げないという利点があります。どのような状況を観察するかによって，得られる情報が違ってきます。例えば，集団で話している場であれば，その人に関する情報だけでなく，その人の人に対する反応を知ることができます。注意すべき点は，その人が役割行動をしているかどうかを見きわめることです。役割行動の観察からは，基本的に，得られる情報はありません。例えば，ウエイトレスをしている人を観察しても，その人はウエイトレスという職業の役割を演じているのであって，その人個人としての行動ではありません。

　第2は，質問です。積極的な方法ですが，コミュニケーションをする相手と直接に絡むわけではありません。その人を知る人に質問するということです。その人と同じ背景をもつ人に，文化背景やその人物について聞くわけです。しかし，どの程度情報が正確かという問題があります。同じ文化背景をもつ人といっても，その人について正確な情報をもっているとは限りません。

　第3は，ターゲットの人と直接にコミュニケーションをする方法です。

第1部　対人コミュニケーション

ターゲットの人に直接質問し，自己開示をします。質問は，いつでも，どこでもできるわけではありません。時間や状況によっては質問が制限されることがあります。また，質問内容について問題になることもあり，文化によっては問えない質問もあります。

6．不確実性志向

不確実性志向の強い人は，新しい情報を求め，取り入れる傾向が強いといわれます。また，不確実な状態をいとわない特徴ももっています。そのようなことから，この特徴をもつ人は，知っていることに満足せず，説明できないあるいは予測できない行動をする相手であっても，コミュニケーションをして新しい情報を得ようとします。

不確実性志向の強い人は，新しい考えと古い考えを結びつけ，自分の信条を変えることができます。そういう人は，行われた行為のみについて評価を下し，他のことと関連させずに評価を下します。

不確実性志向の弱い人，つまり確実性志向の強い人は，伝統的な信条をもち，異なる考えを拒否する傾向をもっています。自分自身や自分の行動について振り返ることが少なく，自我意識を保持する傾向があります。

7．文化的相違

不確実性の回避傾向の強い人は，時と場所によっては攻撃的な態度や感情を表出する一方，全員一致の意思決定を重視し，逸脱した行動を認めないといいます。

ヨーロッパ系とアフリカ系のアメリカ人を比較すると，違いが見つかります。ヨーロッパ系から見ると，アフリカ系は感情を出し過ぎる一方，相手からの攻撃的な行動を容認するといいます。アフリカ系から見ると，ヨーロッパ系は対立を避け，攻撃性を人に見せないことを好むように見えます。つまり，ヨーロッパ系はアフリカ系よりも不確実性の回避傾向が高いというわけです。

アメリカのワスプ（ホワイト・アングロサクソン・プロテスタントの略）

とアフリカ系の上記の比較は，カーチマンの研究を参考にしています。[7)]イリノイ大学のカーチマン教授です。カーチマンはユダヤ系アメリカ人で，ニューヨークで高等学校の先生をしていた頃，黒人英語に関する調査を行いました。それが評価され，イリノイ大学シカゴキャンパスに迎えられます。イリノイ大学の彼の授業を受けたのは，ほぼ9割がアフリカ系の学生でした。学生はカーチマンから学び，カーチマンは学生から学びました。彼の考察は，日常的な観察による黒人英語の理解にあり，単に，研究としての黒人英語の理解を超えていました。カーチマンの論文を読んだ現在の黒人学生たちもカーチマンの理解の正しさを証言しています。

　不確実性の回避に関するホフステードの数値[8)]は，高い順に，ギリシャ，ポルトガル，グアテマラ，ウルグアイ，エルサルバドル，ベルギー，日本，ユーゴスラビア，ペルーです。回避傾向の低い文化は，シンガポール，ジャマイカ，デンマーク，スウェーデンです。
　不確実性の回避に関する平均値は64（標準偏差24）で，アメリカは46，日本は92でした。アメリカは平均に近く，日本はギリシャなどと並んで回避傾向が強い。平均値以下のアメリカ人には，日本人は回避傾向が強いと映ります。個人主義とちょうど逆になっています。

8．不確実性の測定

　この尺度は，ステファンらの研究を参考にグディカンストが作成しました。さらに，今回提示する尺度には日本人の特徴を反映する項目を加え，項目の順番を変更してあります。回答要領を読み，正直に答え，不確実性を測定してください。

　それぞれの項目を読み，「いつもそうである」と思えば5，「たいていそうである」と思えば4，「そういうときもそうでないときもある」と思えば3，「ほとんどそういうことはない」と思えば2，「決してそういうことはない」と思えば1を，それぞれの文頭の空所に記入してください。

第1部　対人コミュニケーション

(　　) 1. 初対面の人とコミュニケーションするとき、私は自信がない。
(　　) 2. 初対面の人の行動を解釈するとき、私は自信がある。
(　　) 3. 初対面の人とのコミュニケーションでは、私は決断力に乏しい。
(　　) 4. コミュニケーションするとき、初対面の人の行動を説明することができる。
(　　) 5. コミュニケーションするとき、初対面の人の行動は理解できない。
(　　) 6. 初対面の人とコミュニケーションするとき、何をすればいいか理解している。
(　　) 7. コミュニケーションをするとき、私は初対面の人の行動を予測できない。
(　　) 8. 初対面の人の行動を解釈ことができる。

あなたの不確実性のレベルを計算するには、偶数の項目番号（2，4，6，8）の文頭に記入した数字を次のように変えてください。5は1に、4は2に、2は4に、1は5に変えてください。この後、すべての項目（1から8）の数字を合計してください。それがあなたの不確実性のレベルです。数字が大きければ大きいほど、あなたの不確実性のレベルは高いことになります。数値が高いからあるいは低いからよい、あるいはよくないということはありません。数値は傾向を表しているだけです。

9．不確実性志向の測定

次の尺度はグディカンストのオリジナルです。[9] あなたの不確実性志向のレベルを測ってみてください。

それぞれの項目に対して、自分に当てはまると思うその度合いを数字で記してください。「いつもそうである」と思ったら5、「たいていそうである」と思ったら4、「そういうときもそうでないときもある」と思ったら3、「ほとんどそういうことはない」と思ったら2、「決してそういうことはない」と思ったら1を、それぞれの文頭の空所に記入してください。

(　　) 1. 選択することができれば、一度行った場所よりも、初めて行く場所を選ぶ。

（　　）2．自分の考えしか認めない。
（　　）3．新しい情報を得たら，すでにもっている情報に組み入れる。
（　　）4．私は伝統的な考え方をする。
（　　）5．人の評価は他の人との比較評価ではなく，その人自身について評価する。
（　　）6．自分自身について矛盾する見方をする。
（　　）7．誰かが自分と違う意見を言ったとき，考えもしないで，拒否はしない。
（　　）8．私は伝統的な信念をもっている。

　あなたの不確実性志向のレベルを計算するには，偶数の項目番号（2，4，6）の文頭に記入した数字を次のように変えてください。5は1に，4は2に，2は4に，1は5に変えてください。この後，すべての項目（1から8）の数字を合計してください。それがあなたの不確実性志向のレベルです。数字が大きければ大きいほど，あなたの不確実性志向のレベルは高いということになります。数値が高いからあるいは低いからよい，あるいはよくないということはありません。数値は傾向を表しているだけです。

コミュニケーションに現れる個人の文化的特徴

第2部 コミュニケーションに現れる個人の文化的特徴

第5章

個人主義と集団主義：
内集団への帰属意識の違い

　所属する内集団（例えば，家族や会社）に対してどれほどの帰属意識をもっているのか，すなわち個人主義的なのか集団主義的なのかという見方は，かつて人間の行動特性における異文化間の相違を理解するときに最も有効であるとされました。そのため，異文化コミュニケーション研究が発展した1980年代から2000年代初頭までに行われた多くの文化間比較研究（cross-cultural research）がこの見方に基づいていました。しかしその後，個人か集団かという二元論的な見方に対する批判が増すとともに，次第に文化間比較研究で使用されなくなっていきました。[1]

　それでは，個人主義／集団主義という見方は人間の行動特性を説明するのにほんとうに有効ではなくなってしまったのでしょうか。この章では，これまでに行われた個人主義と集団主義に関した研究について説明しながら，その有効性についても考えていきます。

1. 個人主義と集団主義の特徴

　1980年代，90年代に行われた異文化コミュニケーション研究では，私たちのコミュニケーションは所属する文化において存在する規範や規則によって影響を受け，それらの規範や規則は文化全体の価値観としての個人主義あるいは集団主義の影響を受けていることが指摘されました。[2] そして，社会における個人間の結びつきがゆるいのが個人主義で，その反対に個人間の結びつきが強く，結合力のある内集団を形成するのが集団主義であるとされました。[3] 内集団とは，見返りを求めずに互いの繁栄をサポートする人たちの集まりであるため，そこから離れることは不安を生じさせます。[4] 運命共同

体ともいえる内集団を形成することは，そこに属さない人々との間に明確な線を引くことにつながり，それら内集団に属さない人々を外集団とみなします。

　また，個人の目的の達成が強調されるのが個人主義的文化の特徴で，所属集団の目的の達成が個人の目的の達成よりも優先されるのが集団主義的文化の特徴であることも指摘されています。[5] そのため，コミュニケーションのスタイルについて，個人主義的文化においては自己を主張するために直接性が重視され，集団主義的文化においては内集団内における自己の主張を避けるために間接性が重視されます。内集団について説明を加えると，個人主義的な文化においても家族や友人などの内集団はもちろん存在します。しかし，集団主義的な文化における内集団と比べると個人の目的の達成が集団の目的の達成よりも重視されるため，その集団内における個人間の結びつきがゆるやかであるということがいえます。

　個人主義と集団主義の特徴を理解することは，個人主義的な文化に集団主義的な文化で生まれ育った人が訪れたとき，また反対に，集団主義的な文化に個人主義的な文化で生まれ育った人が訪れたとき，現地の人たちとのコミュニケーションにおける誤解を最小限に留めることにつながります。[6] 例えば，アメリカの大学へ留学した日本人学生は，ある授業でグループ発表をしなければならないとき，アメリカ人学生たちがグループ内で自己主張し合う様子に，「なんてわがままな人たちなのか」と驚くことがあります。それは，日本人学生は自己の目的の達成よりもグループ（すなわち，内集団）としての目的の達成を重んじるため，強い自己主張は避けることが普通だからです。そのため，アメリカ人学生たちにとってはグループ全体の目的の達成よりも自己の目的の達成を重んじるのが普通であることが理解し難いのです。しかし，その日本人学生がアメリカ人の個人主義について事前に理解しておけば，不要な誤解を避けることができるでしょう。したがって，個人主義的な文化で生まれ育った人（例えば，アメリカ人）と，集団主義的な文化で生まれ育った人（例えば，日本人）の間で交わされるコミュニケーションを効果的に行うためには，個人主義／集団主義の理解は役に立つといえます。

　以上，個人主義と集団主義の一般的な特徴についてみてきましたが，これらの違いはそれぞれの文化における歴史的・環境的な要因によって作り出さ

れた価値観の反映でもあり，個人主義と集団主義の度合いも文化によってさまざまです。そのため，多くの文化が個人主義または集団主義という2つの内のどちらかに分類されるわけではないことが，これらの理解を難しいものとしました。さらに，人は状況によって個人主義的にも集団主義的にもなるという見方も登場しました。この見方は1つの文化を理解するときに，その文化の個人主義度と集団主義度の両方についての傾向を調べる方法へと導きました。しかし，文化間比較研究において理論的にはA文化は個人主義的，B文化は集団主義的であるとされても，それを実際に証明することのできるアンケート調査などで用いる尺度がなかったため，文化間比較研究でコミュニケーションの違いを説明するための理論的枠組みとして活用されることが次第に少なくなりました。その結果，最近では，日本人は集団主義的であるというのは誤りであったとの認識が広がるようにもなりました。[7]

　それではなぜ，個人主義と集団主義の違いを実証することができなかったのでしょうか。多くの異文化コミュニケーションの研究者たちは，個人主義／集団主義という理論的見方は机上の空論であると結論づけましたが，ほんとうにそうなのでしょうか。キリスト教に基づく西洋文明や民主主義の支柱となる個人主義の存在を否定する人はいないでしょう。問題は，個人主義以外のものすべてを同質の集団主義としてまとめてしまったことにあるのではないでしょうか。例えば，家族という血縁集団を中心として1つの大きな内集団を形成する中国人と，会社などの組織や友人などを中心としていくつかの内集団を形成する日本人を，同質の集団主義という枠組みで捉えようとすると困難な面が出てきます。先に述べたように，個人主義／集団主義というのはその文化の価値観の反映なので，集団主義という1つの理論的枠組みの中で中国や日本，その他さまざまな集団主義的であるとされる文化に存在する共通の価値観に基づく尺度を形成することは難しいことが大きな要因であると考えられます。

　また，グローバル化の影響も考慮に入れる必要があります。経済のグローバル化にともなって起きてきた社会のグローバル化は，それぞれの社会にもともと存在する伝統的価値観とは異なる，さまざまな価値観を外からもたらしました。特に，人やもの，情報の往来が自由な社会において価値観が多様化し，これまで常識として捉えられていた規範や規則がもはや常識ではなく

なる面も少なからず出てきました。このグローバル化の影響による価値観の多様化も，ある文化の従来の個人主義的，あるいは集団主義的傾向を測定することを難しくしている要因の1つでしょう。

　さらに，文化間比較研究の調査における現実的問題も挙げられます。本来，ある文化の個人主義度や集団主義度を正確に測定するのであれば，その文化の構成員をランダムに抽出してアンケート調査などを行う必要があり，こうすることによってのみ，その文化の一般的傾向を知ることができます。しかし，実際には日本人全体を対象として調査を行うのは難しく，実証を目的とする文化間比較研究ではこの方法がとられてきませんでした。そこで，多くの研究で調査対象となったのは大学生ですが，彼らは平均的日本人とは異なった価値観をもっていることが多く，[8] 彼らのもつ一般的な日本人とは異なった価値観が結果に反映されていた可能性は否定できません。この点も，過去の研究において日本人が集団主義の傾向を示さなかったことの要因として考えられます。

2．自己観との関連

　コミュニケーションは所属する文化で培われた規範や規則の影響を受け，それらの規範や規則は文化レベルの価値観において，個人主義的か集団主義的かということの影響を受けているとすでに述べました。またそれに加え，コミュニケーションは社会化の過程で生じた個人レベルの要因による影響も受けています。[9] その個人レベルの要因として文化間比較研究でよく言及されたのが，相互独立的自己観と相互協調的自己観と呼ばれる2つの自己観です。

　相互独立的自己観と相互協調的自己観は，マーカスとキタヤマによって提唱された自己観の種類です。[10] 一般的に，相互独立的自己観をもつ個人は，自分を他者から独立した存在としてみなし，他者に対しても同様の見方をします。また，相互独立的自己観をもつ個人にとって重要なのは，①ユニークな存在になること，②自分の目的の達成を目指すこと，③自己を表現すること，④言いたいことは何でも直接的に言うこと，などです。

　それに対し，相互協調的自己観をもつ個人は，自分を他者から独立した存

在であるとはみなさず，むしろ他者との協調関係によって成り立っている存在であるとみなし，他者に対しても同様の見方をします。相互協調的自己観をもつ個人にとって重要なのは，①内集団と協調すること，②内集団から認められた適切な方法で行動すること，③内集団にとっての目的の達成に従事すること，④自分にとってふさわしい場所に留まること，⑤言いたいことは間接的に言うこと，⑥内集団内の他者のこころを読むこと，などです。

これら2つの自己観の違いは，さまざまなコミュニケーションの個人差を説明するのに有効であることが多くの研究により実証されています。例えば医者と患者のコミュニケーションに関して，相互独立的自己観をもつ患者は医者とのコミュニケーションを活発に行い，相互協調的自己観をもつ患者は医者とのコミュニケーションをあまり行わないことが明らかにされました。[11] また，治療の方法について何か決めなければならないとき，相互独立的自己観をもつ患者は家族や医者の勧めにただ従うのではなく，自分で決める傾向があり，相互協調的自己観をもつ患者は自分で決めるのではなく，医者や家族の勧めに従う傾向があることもわかっています。[12]

相互独立的自己観と相互協調的自己観という2つの自己観における違いの特性から，個人主義／集団主義との関連で扱われることもあります。すなわち，個人主義の強い文化には相互独立的自己観を強くもった個人が多く存在し，集団主義の強い文化には相互協調的自己観を強くもった個人が多く存在するということです。したがって，相互独立的自己観と相互協調的自己観は，個人レベルでの個人主義と集団主義とみなすことができます。

3．自尊心との関連

自尊心とは，個人が自身に関して通常もち得る評価のことで，自分をどのくらい受け入れているのかの態度を表します。[13] そして，健康的に生活するには自尊心をある程度高く保つ必要があります。それは，自尊心の低さはストレスの高さに直結し，さまざまな健康問題や人間関係の問題を抱えるといった傾向があるからです。[14] したがって，自尊心をある程度高く保つことがコミュニケーションを効果的に行うことにも関係しているといえるでしょう。

上述の自尊心は広く一般的に理解されている自尊心のことですが，これに加えもう１つ別の自尊心の存在が指摘されました。それは，人は自分に対する肯定的な評価を認識するとき，個人としての評価だけではなく，社会集団の一員としての評価も重要となるからです。前者は一般的な意味での自尊心のことですが，これを個人的自尊心として，後者の自尊心を集団的自尊心と定義することにより，これら２つの自尊心を別々にみていく必要があるとされました。[15] さらに，個人的自尊心は個人主義の強い文化において強調され，集団的自尊心は集団主義の強い文化において強調される可能性が指摘されるに至りました。[16]

　そしてその後，これまで日本とアメリカの文化間比較研究において理論的には言われるものの実証することの難しかった，「日本人はアメリカ人よりも集団主義の傾向が強く，個人主義の傾向が弱い」ということに関して，興味深い事実が明らかにされました。この研究においても前述のことについては実証することができませんでしたが，[17] それぞれの文化内で２つの自尊心の強さを比較したときに違いがあることがわかったのです。すなわち，日本人は集団的自尊心の方を個人的自尊心よりも強くもっていたのに対し，アメリカ人は個人的自尊心の方を集団的自尊心よりも強くもっていたのです。[18] この研究の対象となったのは大学生であったことから，日本において大学生というのは一般的な日本人の傾向を示しにくい時期であるにもかかわらず，自尊心のもち方においては集団的自尊心を個人的自尊心よりも強くもっているという，集団主義の傾向を示す証拠となり得る事実が明らかになったのです。このことから，個人的自尊心／集団的自尊心と個人主義／集団主義の間には強い関係があることがわかりました。

4．日本人と集団主義

　経済の安定した成長期において，終身雇用が当たり前であったときの日本人にとって，最も重要な内集団は会社であるとの一般的指摘がなされました。[19] その頃の日本人にとっては，仕事中心のライフスタイルが当たり前であり，それが定着したからこその経済成長であったといえるでしょう。しかしその後，1990年代初頭に起きたバブルの崩壊から経済の低成長期に入りリ

ストラも増え，今日では終身雇用が当たり前ではなくなりました。また，先にも述べましたが，グローバル化の影響も考慮する必要があります。日本社会がグローバル化するにともない，海外から多様な価値観がもたらされました。そういった背景の中，日本人の価値観にも変化がみられるのは当然のことです。

　これを集団主義という視点からみると，家族や友人よりも仕事を重視していた時代において，会社という組織が最も大切な内集団であったことは自然なことでしょう。そのとき仕事に従事していた多くは男性でしたが，女性や子供も仕事重視の価値観の影響は受けていたため，社会全体の価値観として強く存在していました。したがって，会社を中心とした集団主義であったとの指摘は正しかったはずです。しかし，終身雇用が崩れ始めた頃から仕事重視の価値観も崩れ始め，会社の存在が最も大切な内集団とはなり得なくなってきました。ここで重要なのは，「会社を内集団とする集団主義が弱まってきた」ということであり，日本人が個人主義になってきたということではないことです。「集団主義でない」＝「個人主義」，あるいは「個人主義でない」＝「集団主義」とは必ずしもならない点に注意する必要があります。結婚しない人の増加やコミュニティの崩壊が危惧される現状にかんがみて，以前の内集団としての会社に取ってかわる強力な内集団は今日の社会では存在していないといえるでしょう。

　社会のグローバル化を進めている主な要因として，科学技術の発達により，人，もの，情報などの海外との往来が容易になったことが挙げられます。日本に観光で訪れる外国人や，日本に居住する外国人の数も増え，それらの人々と関わる機会も増えてきました。また，海外で人気のある商品や食べ物も，簡単に日本にいながら手に入るようになりました。さらに，PC，タブレット，スマートフォンなどを通じて海外の情報も時と場所を選ばずに手に入れることができるようにもなりました。そういった中，日本人のライフスタイルにも幅が広がり，これまで当たり前であったことが当たり前でなくなるという，価値観の変化も当然起きてきました。そして，これまでの仕事を中心とした生き方だけでなく，旅行，グルメ，アニメなどの趣味を中心とした生き方も登場しました。その結果，会社を内集団とする集団主義は弱まったのです。

また，最近の日本ではどのような集団にもとらわれず，自由気ままに生きることを好む個人主義が増えているとの指摘がありますが，先に述べた個人主義／集団主義の見方によると，そうした生き方は個人主義的ではないということができます。それは個人主義というのであるならば，ゆるやかな帰属意識をともなった内集団に所属する必要があるからです。したがって，どのような集団にも帰属意識をもたず，[20] 自由気まま，すなわち自己中心的に生きるのは個人主義的ではなく，利己主義的であるということになります。そこで，利己主義とは「どのような集団にも帰属意識をもたず，ただ自己の利益を追求する生き方」であるといえるでしょう。

　そこで日本の現状についてまとめると，以下の3点が指摘できます：
(1)　経済的背景から，かつての会社を中心とする集団主義が弱まった。
(2)　グローバル化の影響により価値観が多様化し，集団主義が弱まった。
(3)　一見，個人主義が強まってきたかのようにみえるが，その中身は利己主義であることが多い。

　個人主義／集団主義に関するこれらの点を考慮することが，日本人のコミュニケーションをより良く理解する際に重要となります。

5．個人主義／集団主義という理論的枠組の捉え方

　それでは以上のことを踏まえて，異文化の人々とのコミュニケーションを理解するとき，個人主義／集団主義という見方をどのように捉えることができるのでしょうか。最初に述べたように，もともと異文化コミュニケーション研究で個人主義／集団主義という理論的枠組が注目されたのは，これによって文化間で異なるコミュニケーションの方法について一般的な視点からその理由を説明することが可能で，それにより異文化の人々のコミュニケーションを効果的に予測することができると考えられたからです。そのため，複雑化した今日の社会において，この見方がどれくらい有効なのかという視点が必要でしょう。

　この章で指摘してきた個人主義／集団主義の理解の仕方について重要な点を整理すると，まず，個人主義と集団主義の一般的特徴に関して次のことがいえます。運命共同体ともいうべき「強い引力（帰属意識）をともなった内

集団を形成し，内集団の利益を自己の利益よりも優先するべきと考える」のが集団主義であり，このような強力な内集団は形成しないものの，「ゆるやかな引力（帰属意識）をともなった内集団を形成し，自己の利益を内集団の利益よりも優先するべきと考える」のが個人主義であるということです。

　また，これまでに日本人を対象とした研究において，集団主義の傾向を示さなかった多くの研究は大学生をその研究対象としてきました。日本人の一般的傾向として，大学生のときには家族や大学に対してあまり強い帰属意識をもたず，人生において最も自由を謳歌する時期であることが指摘できます。そのため，この時期においては内集団からの引力をゆるやかなものと認識する，あるいは全く認識しないこともあり得るため，研究対象となった大学生たちが集団主義の傾向を示さなかったとしても，ある意味それは当然の結果であるといえます。1人の人生においても，内集団への帰属意識が強くなる時期もあれば弱くなる時期もありますし，また状況によって内集団への帰属意識が強くなるときもあれば弱くなるときもあります。したがって，ある文化を個人主義／集団主義の視点から理解するときには，その文化での一般的な人生のパターンにおけるそれらの変化に注意する必要があります。

　さらに，個人的自尊心と集団的自尊心という2つの自尊心のもち方における違いという視点を取り入れることが重要だと考えられます。先に述べたように，個人主義の強い文化で生まれ育った人たちは個人的自尊心を集団的自尊心よりも強くもち，反対に集団主義の強い文化で生まれ育った人たちは集団的自尊心を個人的自尊心よりも強くもつ傾向が指摘されています。この自尊心のもち方に関する傾向は，人生におけるさまざまな変化にも影響を受けないようなので，ある文化の個人主義度と集団主義度を理解する際には，その文化の人々の自尊心の持ち方に注目する必要があります。

　最後に，実際に行われる異文化の人たちとのコミュニケーションにおいてこれらのことをどのように活用することができるかについて言及します。個人主義／集団主義という見方は，初対面や付き合いの初期の段階のような相手がどのような文化的背景をもつのかわからない状況において，その人のコミュニケーション行動を予測したり，理解したりする際には1つの有効な切り口だと考えられます。特に，相手が所属する内集団（例えば，家族や会社）にどれほどの帰属意識をもっているのかということに焦点を合わせたコ

ミュニケーションを行い，その人が自分と比べて弱い帰属意識をもっていたとすれば自分よりも個人主義的な行動をとり，反対にその人が自分と比べて強い帰属意識をもっていたとすれば自分よりも集団主義的な行動をとることが予測できます。また，旅行や留学などで異文化に滞在するとき，その滞在先の文化が一般的に自分の生まれ育った文化と比べて個人主義的か集団主義的か，ということを知っておくだけでも，誤解の少ない（すなわち，効果的な）コミュニケーションを行うことができる可能性が高まるでしょう。「よい理論ほど実用的なものはない（There is nothing so practical as a good theory）」[21]との指摘があるように，個人主義／集団主義という理論の実用性を考えていくことが今後必要でしょう。

6．個人主義の測定

　紹介する尺度は，マーカスとキタヤマの研究をベースに，グディカンストが作成しました。元の項目リストには，個人主義の価値観と行動の反対の項目が含まれていて，それらの価値観と行動は集団主義の項目として提示されていました。

　しかし，アメリカ人が考える集団的な価値観は日本人の平均的な人の有する価値観ではなく，尺度に含めるには，そこに挙げられている項目は適当ではありません。一方，個人主義の特徴をとらえている価値観は明白で，測定項目として適していると判断しました。指示を読み，正直に答え，自分の個人主義のレベルを測定してください。

　それぞれの項目を読み，自分にとって，「大変重要な価値観だ」と思えば5，「どちらかというとそうだ」と思えば4，「どちらでもない」と思えば3，「どちらかというとそうではない」と思えば2，「自分の価値観に反する価値観だ」と思えば1を，それぞれの文頭の空所に記入してください。

　　（　　）1．快適な生活をすること
　　（　　）2．達成感を感じること
　　（　　）3．能力を身につけること
　　（　　）4．人に頼らない言動をすること

(　　) 5. 聡明であること
(　　) 6. 自尊心をもつこと
(　　) 7. 自分の方針は自分で決めること
(　　) 8. 想像力が豊かであること
(　　) 9. 大望をもっていること
(　　) 10. 喜びを経験すること

　計算の方法は，すべての項目に書いた数字を合計してください。その合計の数字があなたの個人主義のレベルです。数字が大きければ大きいほど，あなたの個人主義のレベルは高いことになります。数値が高いからあるいは低いからよい，あるいはよくないということはありません。数値は傾向を表しているだけです。

第6章

その他の文化的変異

1．コンテクスト

　メッセージは言葉と言葉以外のもので作ります。メッセージをほとんど言葉で作る文化と，言葉以外のものも多く使用してメッセージを作る文化とがあります。言葉以外のものという，この部分をコンテクストといいます。

（1）　コンテクストの定義

　コンテクストが高いあるいは低いという見方は，文化人類学者のエドワード・T・ホールの提示した見方です。[1] コンテクストとは，「ジェスチャー，体の向き，語られたことから連想される物」です。[2] つまり，コンテクストが高いとは，言葉を使わないで，このような言葉以外をその時々に多用するということです。

　コンテクストの高い人は，言葉以外をたくさん使う人で，コンテクストの低い人は言葉をたくさん使う人です。言葉が使われる割合が少なく，言葉以外をたくさん使うのをハイコンテクスト，言葉が使われる割合が多いのをローコンテクストといいます。つまり，同じことを伝えるのに，多くの言葉を用いる人をローコンテクストの人，言葉以外のジェスチャーや連想されるものを多く用いる人をハイコンテクストの人というわけです。

　言葉で表現されていなくても相手に伝えたいことが伝わるのか，という疑問が生じます。この疑問に対する答えは，人間関係と状況です。それが非言語のメッセージに意味を添えます。人間関係と状況に共有するところがあれば，それが言葉の役割をして，その分，言葉を必要としません。

　ホールによると，ハイコンテクストの文化は日本，中国，韓国を含む東南

アジアの大部分の文化であり，ローコンテクストの文化は米国，ドイツ，北欧諸国，スイスなどを含むということです。

コンテクストによる1から100の尺度を想定すると，米国は限りなく低い端に位置し，ドイツ，スカンジナビア，スイスが続き，日本，中国，韓国は高い端に位置する，とホールは説明しました。[3]

（2） コンテクストと親密さ

文化の違いについて議論するとき，コンテクストという概念を用いることが多くあります。しかし，文化とコミュニケーションはいわば表裏一体の関係にあります。そこで，メッセージに目を向けてみると，相手との親密さの違いによって，交換されるメッセージのコンテクストの量が違っていることがわかります。例えば，初対面の人と交わすメッセージはローコンテクストになりがちです。一方，友達と交わすメッセージには省略の表現が表れます。つまり，ハイコンテクストのメッセージを交換することができます。メッセージを見れば文化が見えるというわけです。

教室における学生と教員のコミュニケーションでも同じことが起きます。教員の冗談を誤解する学生の数は，1回目の授業よりも，10回目の授業の方が少なくなります。また，毎日のように顔を合わせるゼミの学生は，冗談を正しく理解するだけでなく，言葉を省略しても，教員の意図を理解します。学生と教員が互いに，ハイコンテクストのメッセージを使えるからです。

（3） コンテクストと文化

コンテクストの違いは，メッセージを作るのにどれほど言葉を使うかの違いです。この違いに気づくことが，異文化間のコミュニケーションの問題の1つに気づくことにつながります。例えば，アメリカ人と日本人は異なるメッセージの作り方をするので，コミュニケーションの問題が起きる可能性が高いとホールはいいます。[4]

アメリカ人はローコンテクストのメッセージを作ります。なぜそうなのでしょうか。ヒントは彼らの交友関係にあります。アメリカ人も知り合いや友達との交友の中で日々暮らしていますが，知らない人と知り合う場面が日本人より多いといわれます。[5]

日本人は友人との交友活動が盛んで，新しい人との出会いは少ない。その結果，日本人は内集団の数が少ないことになります。アメリカ人は日本人よりも多くの内集団をもっているといわれます。[6] 内集団の数が多いと，1つの内集団に費やす時間が少なくなり，その結果，内集団の人とのコミットメントが限られることになります。アメリカ人と比べると，日本人のもつ内集団の数は少ないので，内集団の人との関係が密になり，外集団の人と交友しようという気持ちが少なくなります。内集団の数が少なければ少ないほど，内集団の人との交友が多くなり，コミットメントが多くなります。

ハイコンテクストの文化では，自分の頭で描いている内容を相手も理解するものだと考えます。つまり，察することを期待します。また，その期待があるため，すべてを言葉で表す必要はないと考える傾向があります。さらに，決定的なことを言わなくても，そのあいまいな言葉を理解するのは相手なのだという期待を抱いています。

察しをコミュニケーションの1つの手段として使う文化があります。日本文化もその1つです。日本とアメリカを比較すると，その違いの大きさに気づきます。もちろんアメリカ人が察しをまったく使わないということではありません。親しい友達同士や，夫婦間では，コンテクストの高いメッセージを交換します。言語表現に省略があり，論旨の展開にジャンプがあっても意思の伝達に大きな問題は起きないというのは，2人の間に，それを補う共有する知識と経験があるからです。

察しは日本に特有のものではなく，他の文化にも存在します。例えば，文献に報告されている国はフィリピンとマレーシアです。[7] 筆者（西田司）のマレー人との交友体験からも，この報告にはうなずけます。察しは複数の文化に存在し，その機能は文化によって異なるということです。

(4) コンテクストの測定

この尺度はグディカンストの研究を参考に筆者（西田司）が作成しました。回答要領を読み，正直に答え，コンテクストを測定してください。

> それぞれの項目を読み，「いつもそうである」と思えば5，「たいていそうである」と思えば4，「そういうときもそうでないときもある」と思えば3，

「ほとんどそういうことはない」と思えば2,「決してそういうことはない」と思えば1を,それぞれの文頭の空所に記入してください。

( ) 1. 伝えたいことは,言葉で明言せずに,相手に想像してもらう。
( ) 2. 伝えたいことは,言葉ではっきりと伝える。
( ) 3. 相手からの間接的なメッセージに簡単に気づくことができる。
( ) 4. 私は直接的なメッセージを好む。
( ) 5. 私は「たぶん」とか「おそらく」といった表現をよく使う。
( ) 6. 何かについて説明するとき,私は数字を使って説明する。
( ) 7. 私の言っていることを相手が推測してくれることを期待する。
( ) 8. 私はあいまいな表現は使わない。

あなたのコンテクストのレベルを計算するには,偶数の項目番号(2,4,6,8)の文頭に記入した数字を次のように変えてください。5は1に,4は2に,2は4に,1は5に変えてください。この後,すべての項目(1から8)の数字を合計してください。それがあなたのコンテクストのレベルです。数字が大きければ大きいほど,あなたのコンテクストレベルは高いことになります。数値が高いからあるいは低いからよい,あるいはよくないということはありません。数値は傾向を表しているだけです。

2. 男らしさと女らしさ

　その社会が男らしさの社会か,あるいは女らしさの社会かについて判断する方法は,その社会における性役割を見ることです。ホフステード[8]によると,男らしさの社会は男性と女性の性役割がはっきりと分かれている社会です。一方,女らしさの社会ではその性役割がダブっています。さらに男性はタフで,積極的で,物質的な成功を重視し,女性はやさしく,ひかえめで,生活の質を重視するというのが男らしさの社会です。一方,女らしさの社会は男性も女性もやさしく,ひかえめで,生活の質を重視します。

(1) 社会と役割

　ホフステードによる男性と女性の社会行動とその考え方の比較は,次のようになります。それぞれのケースのAは男らしさの社会の特徴,Bは女らし

さの社会の特徴です。[9]

(1) A：この社会の人は「かね」と「もの」を重視する。
　　B：この社会の人は「ひと」と「人間関係」を重視する。
(2) A：家庭では，父親が実務的，母親が情緒的なことに対処する。
　　B：家庭では，父親も母親も，どちらにも対処する。
(3) A：女の子は泣いてもいいが，男の子は泣いてはいけない，男の子はやられたらやり返さなければならないが，女の子は喧嘩をしてはいけない。
　　B：男の子も女の子も泣いていい，どちらも喧嘩をしてはいけない。
(4) A：男の子と女の子は異なる教科を勉強する。
　　B：男の子も女の子も同じ教科を勉強する。
(5) A：公正さ，同僚との競争，実績が重視される。
　　B：平等，連帯感，生活の質が重視される。
(6) A：対立は，徹底的な戦いによって解決される。
　　B：対立は，妥協と交渉によって解決される。

　まとめると，男らしさの社会の人は，かね，もの，公正さ，競争，実績を重視し，父親と母親の役割は分割され，男の子と女の子の教育は区別され，人との対立では徹底的な戦いの方法をとるという特徴をもっています。

　女らしさの社会の人は，ひと，人間関係，平等，連帯感，生活の質を重視し，家庭での役割分担はなく，どちらにも対処し，男の子と女の子の教育は同等で，人との対立では妥協と交渉によって解決するという特徴をもっています。

（2）　文化比較

　男らしさの社会と女うしさの社会という観点は，異文化の異性関係の説明に有効です。例えば男うしさの社会では，成長する過程で，異性との接触が少なく，同性との関係により高い親密さを見つけるといいます。

　日本の13歳から19歳の人たちを対象に行った調査によると，[10] 友人関係には3種類があるといいます。親友，グループの友達，部活動の先輩後輩の友

達の3種類です。そして，親友とグループの友達は同性でした。グループの友達と長い時間いっしょに行動するので，異性の友達ができる余地はありません。異性の友達ができた女性は，同性の友達に距離を置くようになります。一方，アメリカのティーンエイジャーには日本人にあるようなプレッシャーはなく，異性とも交友関係を続けます。さらに，日本人の友人関係が比較的長く続く傾向にあるのに対し，アメリカ人の友人関係は短いといわれます。

男らしさの社会と女らしさの社会の特徴を，グディカンストは，「働くために生きる」のが男らしさの社会の特徴，「生きるために働く」のが女らしさの社会の特徴だと表現しました。[11] 男らしさの社会では「働く」こと，女らしさの社会では「生きる」ことが特徴的だ，つまり大事なことだというわけです。

「強きものへの同情」というのが男らしさの社会の特徴であり，「弱きものへの同情」というのが女らしさの社会の特徴であるとも表現しています。

ホフステードによると，男らしさの社会の傾向をもつ国々は，アラブ文化，オーストリア，ドイツ，イタリア，ジャマイカ，日本，メキシコ，ニュージーランド，スイス，ベネズエラです。一方，女らしさの社会の傾向をもつ国々は，チリ，コスタリカ，デンマーク，東アフリカ諸国，フィンランド，オランダ，ノルウェー，ポルトガル，スウェーデン，タイでした。[12]

男らしさの社会の傾向を表す平均値は50（標準偏差20）です。アメリカは62，日本は95でした。アメリカは平均よりもやや上，日本は調査対象社会の中で最も高い結果になりました。したがって，平均に近いアメリカ人から見ると，日本人の行動は男らしい社会の行動ということになります。

日本社会は男らしさの社会の特徴も女らしさの社会の特徴ももっているが，男らしさの社会の特徴を強くもっている——これは，ホフステードの調査が行われた1960年代から70年代の経済復興の日本社会の特徴を表しているようです。すでに調査の行われた時から半世紀近く経過しているため，現在では，日本社会の中での考え方は変化している可能性があると，筆者（西田司）は考えます。

（3） 個人の男らしさと女らしさ

個人のレベルで，あなたがどれだけ男らしさ，あるいは女らしさを表しているのかを考えてみましょう。それには，あなたの男らしさ，女らしさを測定しなければなりません。そのためには測定する尺度が必要ですが，尺度を作るには，男らしさと女らしさの調査結果を待たなければなりません。

男らしさや女らしさを示す形容詞や表現は発表されていますが，[13] 本章では日本人の測定尺度を作成する目的なので，その中から選択して提示することにします。

男らしさ	女らしさ
攻撃的	優しい
分析的	辛辣な言葉を使わない
積極的	子供らしい
競争的	思いやりのある
支配的	子供が好き
個人主義的	忠実
独立的	恥ずかしがり屋
リーダーシップをとる	穏やかに話す
強い性格	理解のある
リスクをとる	従順

アメリカの調査結果には，それぞれ20項目が取り上げられています。上は，そのうちの半分を紹介したものです。左欄の項目が男らしさの特徴，そして右欄の項目が女らしさの特徴です。

アメリカ人は個人主義ですが，調査が行われた時代を考慮すると，ヨーロッパ系のサンプルだと判断できます。つまり個人主義の人の男らしさであり，女らしさです。そこから見えてくるアメリカ人男性の特徴は，攻撃的，分析的，独立的であり，女性の特徴は，情緒豊か，忠実，穏やか，恥ずかしがり，従順ということです。

最後に指摘しておきたいのは，ホフステードの調査結果についてもそうで

したが，時代の変化を考慮すべきだということです。日本人が変化していることがあるとすれば，アメリカ人も変化しているわけで，男女のあるべき特徴も変化している可能性があります。アメリカ人女性の「忠実さ」を再考すべきであるとともに，「恥ずかしがり屋」，「従順」がかつてのように残っているのかどうか，再度調査する必要があります。

3．権力格差

社会で力のある人と力のない人の差を権力格差といいます。[14] 社会によって権力格差のあり方は違い，権力格差を多く認める社会とそうでない社会があります。[15] 権力格差を多く認める社会の人は，権力格差を社会の一部として認めています。一方，権力格差の少ない社会の人は，上司と部下は同じ人間であり，立場や役割が違っているだけだとみなし，立場や役割を離れれば同等であると考えています。

例えば，先生と生徒の関係を例に挙げれば，校内では先生であっても街中では Mr. Johnson であるという社会もあれば，校内でも街中でも「山田先生」であるという社会もあります。

権力格差の行動

ホフステードのいう権力格差の行動は，次のようになります。それぞれAが権力格差の大きい人，Bが権力格差の小さい人の特徴です。[16]

(1) A：親へ従順であるべきと教える。
    B：親と子は対等な存在であると教える。
(2) A：子は親に敬意を払う。
    B：子は親を自分と対等な存在として対応する。
(3) A：生徒は先生に敬意を払う。
    B：生徒は先生を自分と対等な存在として対応する。
(4) A：会社における上下は社会に存在する不平等と考える。
    B：会社における上下は便宜上設けられた，役割上の不平等と考える。

(5) A：管理職の特権や地位を表す象徴は当然であると考える。
　　B：特権や地位を表す象徴は嫌いである。

　例えば，(1)Aの権力格差の特徴は，子は親に従順であり，異を唱えることをしない関係です。一方，(2)Bの権力格差の特徴は，何かを決定する場合は，個人として意見を求められ，意見は内容でもって評価され，それが家族の決定に寄与するといった，親と対等な関係になります。

　(3)の生徒と先生の関係においては，権力格差の大きい文化では，生徒と先生の間の権力の差を当然のものとして認めます。例えば，学校の中で先生は一段高い教壇から生徒に話し，名前でなく職務のタイトル（肩書や役職名）で自分を呼ばせます。日本では「先生」，アメリカでは「教授」と学生に呼ばせるのが，これにあたります。日本ではほとんどすべての学生が「先生」と呼ぶのに対し，アメリカでは世代によって異なります。学校を離れても，日本では先生は「先生」と呼ばれますが，アメリカは異なります。

　アメリカでは，先生と生徒の年齢が離れている場合，ハイスクール（中・高）では Mr.（Mrs.）〇〇（例えば，Mr. Johnson）と呼ぶ場合が多いのですが，年齢の近い大学教員と学生の間では，ファーストネームで呼び合うのが一般的です。筆者の院生時代（西田司，40年前）には，そう呼ばせない教授が多くいたという印象をもっていますが，ファーストネームで自分を呼ばせる老教授もいました。この行動の背景には，立場は教授と学生という関係だが平等な存在だという考えがあったからです。

　権力格差の大きい文化の人は，権力と個人の間に存在する差，つまり権力格差は社会の基本的事実であり，権力は威圧的および指示的対象としての力をもつ存在だと理解します。一方，権力格差の小さい文化の人は，権力は専門家としての正当な力であり，それを用いるだけ，と理解します。[17]

　権力格差の大きい文化の人は，権力を社会の一部として認めるとともに，権力を理由として用います。権力格差の小さい文化の人は，権力は正当と認められる状況でのみ用いるべきだと考えます。

　会社についていえば，緊密な管理・監督，意見の不一致に対する恐れ，従業員同士の信頼の低さなどの特徴をもつのが権力格差の大きい文化の人です。上司への心理的な依存が低く，部下であっても反論するといった特徴

が，権力格差の小さい文化の人です。

　権力格差の大きい文化では，上司の命令に疑問をはさまず，ひたすら指示されることを期待するという上司と部下の関係があります。一方，権力格差の小さい文化における上司と部下の関係では，命令をそのまま受け入れず，また，なぜそうしなければいけないのか，理由を知りたがる傾向があります。

　権力格差に関する日本のタテ社会の文化差の要因として，年齢，地位，経験，知識，そして性という点を考慮しなければならないという指摘があります。[18]

　ホフステードの調査結果では，権力格差の大きな文化にはマレーシア，パナマ，グアテマラ，フィリピン，メキシコ，ベネズエラ，アラブ諸国が含まれ，逆に，権力格差の小さな文化にはオーストラリア，イスラエル，デンマーク，ニュージーランドが含まれました。

　平均は52（標準偏差20）で，米国は40，日本は54でした。14ポイントの違いですが，アメリカ人からは，日本人は権力格差のある人間関係をもっていると映るようです。

第3部

グローバル社会の
コミュニケーション

第3部　グローバル社会のコミュニケーション

第7章

グローバル社会の人材育成

　今の日本では，文化背景の異なる人と同じ職場で働き，同じコミュニティーに住むことが特別なことではなくなってきています。しかしながら，そのような職場環境や生活環境が展開されているにもかかわらず，そこで生きる日本人は，何十年も前の教育によって大人になった人たちです。グローバルな職場環境や生活環境で生きる人は，グローバル社会に必要な教育を受けているべきですが，実態はそうではないため，いろいろな問題が起きています。

　その多くは，これまでの章で明らかにした個人の性格やアイデンティティによる問題であり，コミュニケーションをする状況で生まれる不安や不確実性といった，人に内在する問題です。

　本章では，グローバルな人材を育成するためのプログラムを提示します。この提示は，4つの情報を基に行います。1つ目はミネソタ大学での経験と知識，2つ目は西田順子の修士論文の研究，3つ目は，海外職業訓練協会（OVTA）における経験，そして4つ目は，グディカンストの構築したカリフォルニア州立大学における異文化トレーニングプログラムです。これらの知識と経験を統合して，本章でのプログラムの提示となります。

1．グローバルプログラムの考え方

　海外職業訓練協会（OVTA）のプログラムとグディカンストの構築したプログラムを比較した結果を，次の3点にまとめることができます。[1]
（1）グディカンストのプログラムでは，倫理について受講者に説明しま

す。その理由は　受講者の考えや行動，認知に変化を求める教育であるため，受講者にそのことを前もって理解させることが必要と考えるからです。そして，受講するかどうかを受講者が判断することが重要で必要なことと考えるからです。
(2) グディカンストのプログラムは，1つの理論に基づいています。そのために教育と訓練の理念，目的と内容，手法が一貫しています。学習手法には知識学習と体験学習の両方が用いられています。
(3) 自己開示による高いリスクのあるのがグディカンストのプログラムです。海外職業訓練協会（OVTA）のプログラムはグループディスカッション，意見交換，感想発表といったリスクの低い手法を用いています。

　プログラムの倫理に関する喚起は行うべきだと考えます。理由は上記に記されているように，認知や行動の変化を促す教育であり，受講者に選択肢を与える必要があるからです。
　グローバルの人材育成においても，1つの理論に基づく人づくりをするべきと考え，本書の概念の構成をそのようにしました。その考えを展開するためにも，プログラムの教育と訓練の手法は知識学習と体験学習の両者を導入します。
　教育と訓練の手法に関するリスクについては慎重に対応すべきだと考えます。その理由は，かつて日本で初めて異文化間コミュニケーションワークショップが行われた福島県二本松の研修において，日本人参加者が強いストレスを経験したことを筆者（西田司）は参加者から聞いているからです。また，ミネソタ大学の異文化間コミュニケーションワークショップでは，日本を含めるアジアの留学生たちがストレスを訴えていました。この問題を取り上げたところ，自己開示を求められる教育を受けた経験がなかった，意見だけでなく個人的な情報の開示は苦痛であったなど，高いストレスを経験していたことが明らかになっています。

2. グローバルプログラムの目的

　グローバルプログラムの基盤とする理論は，グディカンストの構築した不安／不確実性制御理論とします。[2] 人との初期交流において，特に文化背景の異なる人との初期交流においては，不安と不確実性がコミュニケーション行動に影響するとグディカンスト理論は説明しています。

　文化背景の異なる交流では，不安と不確実性が存在します。それに対応し制御することが最も重要なことです。つまり，異なるものを理解するときの衝撃に対応しなければなりません。

　ここに提案するプログラムの目的は，このような異文化の状況に効果的に対応することのできる人材の育成です。

3. グローバルプログラムの理論基盤

　不安と不確実性の制御について直接説明しているグディカンスト理論を用いることによって，初対面の異文化間のコミュニケーションに必要な適応のための能力を養成することができます。

　不安と不確実性が高すぎると，コミュニケーションソースが活性化しないため，目的国の人々の行動を予測するあるいは説明することができません。一方，不安と不確実が低すぎると集中力が欠如し，効果的なコミュニケーションは望めません。不安と不確実性のレベルがコミュニケーション行動に直接影響する，とグディカンストは述べています。[3]

　グディカンスト理論を基盤とすることで，教育・訓練の目的は次の3つとなります。

(1) 不安と不確実性は新しい文化に適応する能力に影響する。そして，不安と不確実性を制御することが必要となる。その必要性を受講者に理解させること。
(2) コミュニケーションをするときの不安を制御すること。
(3) コミュニケーションをするときの不確実性を制御すること。

4．グローバルプログラムの倫理配慮

　異文化トレーニング教育では倫理的理解が必要だとグディカンストは述べます。なぜなら，(1)受講者を変容させる教育であること，(2)心理的リスクがあること，(3)文化背景の異なる受講者と交流すること，の3つの理由からです。

(1)　受講者を変容させる教育であること

　　　文化は価値，基準，習慣，規則を含む複合的構造をもつもので，その文化の成員の行動を規定します。個人の行動は文化に強く影響を受けています。つまり何が適切で，何が効果的な行動なのかは，文化によって異なります。このことが異文化トレーニングから挑戦を受けます。挑戦を受け，もっていた内容が変化する可能性があります。それを説明しておく必要があります。

　　　異文化トレーニングは変化を起こす教育なので，教育を受けている最中に，失望や挫折感，欲求不満，苛立ち，抵抗を経験します。そのようなことを経験すると，その後の行動に影響を与えることがあります。例えば，その後の講義やディスカッションに参加したくないなど，消極性となって現れたり，参加しないという抵抗となって現れたりすることがあります。

　　　ファシリテイターは，このようなことを理解した上で受講者の学習を援助しなければなりません。

(2)　不安の制御について，「リアル」な人生経験に近い環境を作り，擬似体験をさせます。そのような環境で受講者は個人的な自己開示のリスクや失敗するリスク，当惑するリスクを経験します。

(3)　不確実性の制御では，価値や基準，習慣，規則といった文化の違いが情緒や行動，認知に関し，受講者に挑戦します。

　異文化の接触に関する倫理について，グディカンストは4つの原理を理解しておくべきだと述べています。[4)]

(1)　文化的な抵抗と変化の力学について受講者が理解できるように援助する。

(2) 受講者の文化的限界の範囲，信念や行動に関する無意識などへの気づきを促進する。
(3) 自己の選択に責任をもつことを学ぶ機会を提供する。
(4) マインドフルな選択ができるような機会を与える。

5．ファシリテイターの役割と姿勢

　ファシリテイターは受講者の学習を援助します。ファシリテイターには，8項目のガイドラインがあります。つまりこのようなタスクを実行することによって，受講者の学習を助けるわけです。
(1) 期待されていることは何か。集団の体験をすることによって何を学ぶか。このようなことを受講者に理解させること。
(2) タスクを回避せず，協力的な雰囲気を作ること。
(3) ファシリテイターはモデルとして受講者から見られるので，自己の気づき，自信，他者への関心，道徳的な判断を控えること，純粋であること，感情移入，他者への尊敬，熱心であること，成熟していることといった能力をもっていること。
(4) 聞く力をもっていること。アイコンタクトや姿勢，言葉によるフォローアップ（要約，言い換え）などのスキルをもっていること。
(5) 受講者の考えと感情に関して，類似するところ，相違するところを指摘すること。
(6) 受講者が混乱したり孤立したりすることのないように，グループ活動の進捗に配慮すること。
(7) いつもチームとして活動すること。
(8) プログラムに関しても，必要に応じて変更するなどの対応をすること。

6．グローバルプログラム：内容

　2日間のプログラムを提示します。プログラムを実施する際は，プログラムのシラバス，マニュアル，エクササイズ，必要な文具などを準備し，受講

者に提供し，それに基づいてプログラムを実施します。

　提示するプログラムには，おおよその時間配分を示してあります。エクササイズと講義は太字で示しました。エクササイズは実際にグディカンストがカリフォルニア州立大学で使用していたものです。

・第1日（**異文化の体験**，講義，クリティカル・インシデント，ムード・ロック）
　　8：30－9：00
　　　プログラムの説明，ファシリテイターの紹介，受講者の紹介，「マニュアル」の配布
　　9：00－12：00
　　　異文化の疑似体験「バファバファ」の実施，ゲームのブリーフィング，2つのグループに分ける，見学者を交換する，訪問者を交換する，ディブリーフィング。
　13：00－14：00
　　　レクチャー①：マインドフル入門（マインドフルとは何か，マインドフルの技法）
　　　クリティカル・インシデント
　14：00－15：30
　　　レクチャー②：カルチャーショック
　　　レクチャー③：不安の制御（不安，不安の測定）
　　　ムード・ロック
　15：45－16：45
　　　レクチャー④：不確実性（不確実性とは何か，不確実性の効果的な制御，制御へのチップ），描写・解釈・評価

・第2日（前日学習した内容のレビュー）
　　9：00－9：15
　　　「バファバファ」の体験，学習した概念はマインドフル，不安，不確実性
　　9：30－11：15
　　　①集団主義，個人主義，内集団と外集団

②ハイ・ローコンテクストの国と文化，ハイ・ローコンテクストの壁に打ち勝つ
③権力格差（先生・生徒の問題）
④不確実性の回避（先生・生徒の問題）
⑤男らしさと女らしさ

ケース・スタディ

11：30－12：00

ロールプレー

12：00－12：30

レクチャーとリバース・カルチャーショックのビデオ

13：30－14：45

帰国者の紹介，ディスカッション

14：45－15：00

評価シートの配布，記入，回収，Email など連絡先の交換

第8章

異文化トレーニングの歴史

　一般的にコミュニケーション研究は，人の日常生活全般に起きているコミュニケーション行動についての考察ですが，その切り口はさまざまな観点で行われています。例えば人間関係とコミュニケーションに焦点を当てる個人間コミュニケーションや小集団コミュニケーション，状況とコミュニケーションに焦点を当てる組織コミュニケーション，文化とコミュニケーションに焦点を当てる異文化間コミュニケーションやブラック・スタディーズなど，その種類は多岐にわたっています。

　私たちは日常生活を送る中で，絶えず繰り返しコミュニケーション行動を行っています。言い換えると，社会生活において，毎日言語あるいは非言語によって，人と人が関係を始めたり，進めたり，深めたり，壊したりしているのです。

　また現代社会においては，急速に普及したパソコンや携帯電話などの電子機器を使った，グローバルで迅速なコミュニケーションが行われています。膨大な情報をいつでも享受しコミュニケーションすることが可能な現代社会においては，それがなかった時代と比べると，はるかに量的に多くのコミュニケーションが行われているのです。

　この章では，前述したように広範囲にわたる議論が続くコミュニケーション学の中で，異文化間コミュニケーション研究の実践として行われてきた異文化トレーニングの歩んできた発展の歴史を振り返ります。

　これまでの異文化トレーニングの発展を，ここでは大きく3つの時期に分けて振り返っていきます。1960年代から70年代，1970年代から80年代，そして1990年代以降現在までの3つの時期に分けてみていきましょう。

第3部　グローバル社会のコミュニケーション

1. 1960年代〜1970年代

　異文化トレーニングは，1960年代のアメリカでコミュニケーション研究が発展していったのと同時進行で始まり，発展していったといわれています。その当時の時代背景は，1945年の第二次世界大戦終結を受け，それ以降，アメリカ合衆国は世界の政治，経済，社会に深く関わるようになっていきます。世界との関わりが深化していった理由の1つとして，ビジネス，教育，宗教，軍隊や平和部隊（ピース・コー）といった分野において，アメリカ人が国外で仕事をする機会が戦後急増したことが挙げられます。そしてこのような国外に向かうアメリカ人に対して，赴任先の環境に適応すべく何らかの教育と訓練が必要になっていったのです。

　もう1つの理由は，アメリカ国内の事情です。1950年代から60年代へと，公民権運動に代表される国内の文化・社会集団間の対立が顕著になっていくと，建国以降移民を積極的に受け入れてきた米国内における異なる文化背景をもつ人同士の相互理解が，大きな社会問題として認識されるようになったことです。大学においてもこの状況に対応するために，さまざまな教育が行われるようになっていきました。その1つが異文化間コミュニケーションという科目であり，その実践としての異文化間コミュニケーション・ワークショップ（Intercultural Communication Workshop，以下 ICW という）でした。またその社会版，会社等の研修で行われてきたものが異文化トレーニングです。このようにアメリカの国内事情においても，これらの教育と訓練の必要性は次第に高まっていきました。そして現在に至るまで，多くの議論とともに，改良されてきました。

　アメリカにおける最初の正式な異文化トレーニングは，1966年にピッツバーグ大学で行われたといわれています。当初のトレーニングは，アメリカの大学に入学する留学生のための英語教育と同時に，オリエンテーションの一部として導入されました。そのような状況における生徒たちの関心は，特にコミュニケーションスキルにあったようです。留学生が経験した問題，例えば気持ちや考えを伝えるときの表現や手段に関する問題が関心の的になりました。

　そしてピッツバーグ大学の異文化トレーニングに刺激を受け，徐々に他の

大学でも異文化トレーニングは試みられるようになっていきます。例えば，コーネル大学のクリフォード・クラーク，シンシナティ大学のドナルド・エデルスタインといった名前が先駆的トレーナーとして残っています。また国務省，州政府，学術団体などの後援により，異文化トレーニングがウエスト・ヴァージニアで開催されたのも，この時期であったといわれています。[1]

これまでの異文化に関する教育あるいはトレーニングを振り返ってみると，最初から目的や教育・訓練の構造が明確になっていたとはいえないと推測されます。この研究が始まった頃，つまり約50年以上前の異文化トレーニングでは，大学教員が専門家として政府に依頼され，派遣・赴任する国や地域に関する情報，つまりサバイバル情報について講義を行っていました。彼らはそれぞれの講義場所で，大学の教室に似た環境の中で，派遣・赴任予定国の地理や法律，政治，教育，習慣，行事，気候などに関する情報を提供しました。[2] また，目的国とアメリカの社会構造や社会習慣の類似点と相違点に関する情報を受講者に与えました。[3] つまり，情報を知識として教示するスタイルのトレーニングでした。

後年，このスタイルの異文化トレーニングは大学モデルと呼ばれるようになります。大学モデルでは，主に目的国に関する情報を教示し，講義形式をとっていました。当時は，目的国の文化と社会に関する知識を情報としてもつことが，その国で生活し仕事をするために最も有益であるという考えに基づいて，トレーニングが行われていたのです。

1960年代後半から1970年代の異文化トレーニングの内容は，大学の正規の科目として教えられるようになり，その科目の代表的な名称は，異文化間コミュニケーション・ワークショップでした。ICWの目標としてバーントは，次の3点を挙げています。[4]

(1) 文化的産物であるコミュニケーターとしての自己を理解すること。
(2) 受講者個人のもつ文化的要素に気づくこと。
　　（アメリカ文化の要素と，異文化の人の文化的要素に気づくこと）
(3) コミュニケーションのプロセスと集団の力学を理解すること。

大学モデルによるトレーニングを受けたアメリカ人が赴任先から帰国し，効果をフィードバックした際，講義内容つまり講義で得た情報はあまり役に立たなかったという声が多く聞かれました。目的国に関する情報も必要ではあったが，それと同時に，あるいはそれ以上に，現地の人々と交流し共に仕事をする能力に関するトレーニングの必要性を感じたという報告が多く寄せられたのです。特に，大学モデルでは現地の人々との対人レベルのコミュニケーションに必要な能力についてのトレーニングを何も受けなかった，という批判が多く出てきました。その後，この検証を経て，この大学モデルは次の新しいモデルに取ってかわることになりますが，その際，どのような評価を踏まえて改良し，次の段階に発展していったかについて，グディカンストとハマーは次の4点の評価に着目したと総括しています。[5]

(1) 大学モデルによるトレーニングは，異なる文化背景をもつ人のいる状況では，自己の行動を確認し調整するスキルのトレーニングを行わなかった。
(2) 大学モデルによるトレーニングは，観念的・抽象的なレベルの学習であって，異なる習慣や行動に出会ったときの感情のレベルのトレーニングが行われていなかった。
(3) 大学モデルによるトレーニングは，コミュニケーションのスキルを教えなかった。また，学習された知識を実践するトレーニング機会を含まなかった。
(4) 大学モデルは，実際のコミュニケーションを想定したものではなかった。

上記の総括によると，目的国の人々と効果的なコミュニケーションを行うためには，自己のもつ考えと行動について客観的に理解・把握しなければならないと考えられました。このため自分の考えが影響している価値，モノの感じ方，行動という諸側面を理解するには，大学モデルによるトレーニング内容では不十分でした。知識を教示する講義という手法では，現地へ行った人々が必要とする情緒的・行動的レベルのスキルをトレーニングすることができませんでした。それゆえ大学モデルでは不十分であり，体験学習や自己

の成長を中心とした内容のトレーニングが必要であるという結論に達しました。1960年代後半以降，大学モデルから体験学習モデルへという形で，トレーニングの内容と方法は大きく変化し，異文化トレーニングは次の時代を迎えることになります。[6]

2．1970年代～1980年代

バーントの2年後に発表されたモランによるICWのトレーニング目標も，基本的には，バーントの3点を含んでいました。[7] ICWの中心テーマは，同一文化背景と異文化背景をもつ人と人との関係とコミュニケーションであり，その目標は，文化的存在としての自己の客観的理解，異なる文化背景をもつ人への理解，コミュニケーションの理解であるとしています。換言すると，自己と他者の見方，態度，価値観，行動様式への文化的影響を理解し，グループにおけるコミュニケーション能力向上を目標としていました。

その後，ICWのトレーニング目標はさらに明確化され，ウォレンとアドラーは次の8点を目標としました。①受講者相互の文化背景に関する知識の習得，②受講者の派遣先が決定している場合，その文化・社会における職業技能の習得，③異なる態度や，価値観，考え方への寛容さの養成，④派遣先の言語の習得，⑤文化的に適切な行動と対応行動の習得，⑥カルチャーショックへの対処能力の養成，⑦文化的な自己の客観的認識，⑧積極的な異文化体験のための受講者の方向づけ，の8点です。[8]

一方，この時期，人間関係トレーニングの延長として異文化トレーニングを捉えた研究者も存在し，彼らは異文化のコミュニケーションの能力の定義を行い，その尺度によるトレーニング効果を測定しました。彼らはこの中で，感情移入の能力，未知の状況に対する寛容な態度，役割に必要な行動，意見交換の能力を養成することを目標としていたのです。[9]

この期間の異文化トレーニングはその研究が活発となり，上記で述べたようなトレーニング目標によって，さまざまなトレーニング方法が用いられていきました。そしてそれらへの理解促進のため，さまざまに実施されていたトレーニングを分類する試みも行われたのです。

例えば、ダウンズ[10]、ウォレンとアドラー[11]、トリアンディス[12]、グディカンストとハマー[13]が、訓練方法を分類しました。

まずダウンズの異文化トレーニングに関する、4つの分類モデルをみてみましょう。

1. **知識学習モデル**：このモデルは大学の教室などで受講者に知識を教示することを目的とするモデルです。
2. **地域シミュレーションモデル**：これは天候や地理的条件などについて、目的国に合わせた状況でトレーニングを行うモデルです。
3. **自己気づきモデル**：このモデルは自己の成長などといったトレーニング目標に基づくものです。後に、これは異文化トレーニングの目標とは異なるとして、異文化トレーニングのモデルには含まれなくなっていきました。
4. **文化気づきモデル**：このモデルは、受講者に文化と行動に及ぼす文化的影響についての客観的理解を目標にしたモデルです。自己の文化と、自己の文化に影響された行動についての十分な理解がないと、異なる文化背景の人々とのコミュニケーションは理解できないということです。

さらにダウンズ以外の研究者による分類もみてみましょう。ウォレンとアドラーは、次の4つのアプローチに分類しました。

1. **実際的−機能的アプローチ**：政治、経済、社会に関する情報を教示することに力点が置かれています。平和部隊志願者やAID（国際開発局）の職員に対するトレーニングがこれに該当します。
2. **知識学習的−講義的アプローチ**：受講者の必要とする情報を講義形式で教示するトレーニングで、最も伝統的なトレーニング方法です。ダウンズの「知識学習モデル」に当たるものです。
3. **感情的−個人的アプローチ**：自己のもつ価値観、行動様式、モノの見方について十分に客観的理解があれば、異文化のコミュニケーションも円滑に運ぶことができるという前提に立ち、目的国の人々の行動や

感情の表出に対する感受性を重視するものです。ダウンズの「自己の気づきモデル」に相当します。
4. **体験的アプローチ**：ダウンズの「文化気づきモデル」に当たるもので，他のトレーニング方法からの技法を取り入れた折衷型です。学習効果増減は受講者に起因するとし，受講者が体験を通して学習する方法を自ら積極的に学ぶことが重要という見方のものです。

異文化トレーニング方法の分類については，長い間基盤となる理論との関係が不明でした。これは，トレーニングの本質が実践であることから，理論よりも実効が求められた点や，トレーニングに関係した人々が理論家ではなくプラクティショナーであった点などが影響していました。グディカンストとハマーによると，何らかの基準を最初に用いて分類したのはトリアンディスだとしており，それは異文化トレーニングの研究が始まって以来，実に20年近く経っていました。

トリアンディスは，まず情緒のレベル，知識のレベル，行動のレベルという3つの基準を用い，次に受講者が特定の文化背景をもつ者のみか，異なる文化背景をもつ者を対象にするかという2つの基準を，先の3つの基準にそれぞれ組み合わせて6つに分類しました。さらに，自己の内面に焦点を当てたトレーニングを別に扱い，全体で次のような7つの分類としました。

まず特定文化に関するトレーニングは，①情緒レベルのトレーニング，②知識レベルのトレーニング，③行動レベルのトレーニングの3つです。

複数文化，つまり複数の文化・社会が含まれるトレーニング（受講者が複数の文化・社会に派遣される人を対象にする）は，④情緒レベルのトレーニング，⑤知識レベルのトレーニング，⑥行動レベルのトレーニングの3つです。

そして最後に，⑦自己の内面に目標を置くトレーニングです。

情緒に関するトレーニングにおいては，文化の影響に焦点を当てたトレーニングを実施しました。これは，人が社会化によって特定の状況や人物に対して特定の情緒的反応をすることに着目したトレーニングです。例えば，パーティーに出席することが好きな人もいれば，苦手な人もいるように，人によって同一状況下での情緒的反応は異なります。それと同じように，人は

異なる文化背景をもつ人に対し，肯定的に反応する人もいれば否定的に反応する人もいます。このトレーニングは，その情緒的反応に差があることを認識するためのトレーニングです。

知識に関するトレーニングにおいては，参加者に異文化背景をもつ相手の行動を解釈するために必要な情報であるその異文化の社会規範，社会的役割，対人関係のルールなどに関する情報を提供します。

行動に関するトレーニングにおいては，相手の行動への理解と，相手の文化的に「正しい」行動に対する理解をもつこと，また自分の文化に影響を受けた行動を制御することを目標としたトレーニングです。

上記の情緒・知識・行動の3つの基準に，それぞれ特定の文化背景をもつ受講者に限定するか（例えば，受講者はすべて日本人とするなど），異なる文化背景をもつ複数の文化からの受講者にするか（例えば，受講者を日本人，ドイツ人，ブラジル人混合で構成するなど）という条件を導入します（情緒・知識・行動の3つの基準×2）。

ここまでで6つの分類となり，さらに，自己の内面に焦点を当てて全部で7つの分類としているのがトリアンディスによる分類です。

1980年代に入ると，グディカンストとハマーが体験学習と知識学習という基準と，文化一般と文化特定という基準を用いて，次の4つに分類しています。[14] 彼らによると，この2つの基準で分類すれば当時行われていたほとんどのトレーニングを含めることができ，さらにトレーニングに関する重要な議論も含めることができるということでした。[15]

1．体験学習－文化一般のトレーニング

伝統的な人間関係トレーニングの応用（1-1），ICW（1-2），複数文化対象のシミュレーション（1-3），米国空軍で用いられているセルフ・コンフロンテーション技法（1-4）の4つが含まれます。人間関係トレーニングの技法を応用したもの（1-1）は多くの機関で行われていた方法です。ICW（1-2）については，科学的な調査が数多く行われています。シミュレーション（1-3）については「バファバファ」などが含まれています。米国空軍のグループが開発したトレーニング方法（1-4）は，受講者が特定の

異文化状況でコミュニケーションしている場面をビデオ・テープに撮り，それを再生して議論をしたり批評したりするものでした。

1-1　人間関係の技法の使用に関して，専門家の意見は分かれていました。しかし多数の意見は，受講者に対する注意深い配慮が払われるならば効果は上がるという見方でした。現時点でもこの見方が支持され，これらの手法は使われています。

1-2　ICWに対する科学的な調査は数多く行われており，技法についても議論に基づく改良が行われています。

1-3　シミュレーションによるトレーニングは，最も使用頻度の高い手法です。

1-4　この技法では，受講者が特定の異文化の状況でコミュニケーションしているところをビデオ・テープに撮って再生し，行われたコミュニケーションについて議論し，相互に批評していきます。

2．体験学習-文化特定のトレーニング

人間関係トレーニングの応用，2つの文化のICW，行動的アプローチ[16]が代表的な方法です。人間関係トレーニングは，文化摩擦の内容に焦点を当てたトレーニングや集団内の相互作用のプロセスに焦点を当てたトレーニング，両方を取り入れた折衷型のトレーニングが実施されています。2つの文化のICWは例えば，1974年に日本の二本松で開催された「日米異文化間コミュニケーション・ワークショップ」が挙げられます。行動的アプローチには，受講者が目的国で必要とする行動様式を身につけるトレーニングなどがあります。

3．知識学習-文化一般のトレーニング

異文化間コミュニケーション，文化人類学，クロス・カルチュラル心理学のような領域を学習するトレーニング内容です。特定文化に関する情報ではなく，異なる文化一般について，あるいは異文化における普遍的な内容を学習することを目的としています。

4．知識学習-文化特定のトレーニング

伝統的な外国語のトレーニングや特定地域に対するオリエンテーションなどを含めています。外国語のトレーニングは大学機関や語学研修所で行われている内容ですが，目的国とその文化については，歴史・人口・資源・家

族・社会・経済・産業・政治・政府・医療・科学・スポーツなど，各領域に関する知識を学習するべきだとしています。

　トレーニング方法は数多くあり，このようにいくつかに分類されていますが，それぞれ1種類のトレーニング方法だけでは学習できる内容が限られるため，異文化トレーニングプログラムにおいては，数種類のトレーニング方法を実施する形が一般的に行われています。

3．1990年代以降

　その後，異文化トレーニングはアメリカで活発に研究され，大きく発展していきます。そして後に日本にも影響を与えました。1990年代以降の異文化トレーニングには理論的背景がある点が，それまでのトレーニングと異なる点です。ここでは，その理論である接触仮説と体験学習理論について説明していきます。

（1）　接触仮説

　接触仮説は，集団と集団の接触についての研究から発生していますが，それは個人間の接触にも当てはまります。人物Aは集団という背景をもっていて，Aは別の集団の人物Bと接触することによって，人間関係が形成されていきます。その接触は必ずしも肯定的な関係を作らないという結果も出ています。[17] 集団間（あるいは個人間）の接触は偏見を減少させ，望ましい態度を増大させるという結果が発表される一方において，集団間（あるいは個人間）の緊張を引き起こし，暴力の原因になるという結果も出ています。そこで，効果的な集団間（あるいは個人間）の接触には，接触の種類（状況など）と接触する人と人の関係（ステイタス）を考慮しなければならないという議論がなされています。

　具体的には，次の点が考慮されなければならないと指摘されています。①接触する集団（あるいは個人）の各参加者が対等であること，②同じ主流文化集団の接触であること，③社会環境が集団間の接触に好意的であること，あるいは集団間の接触を増加させる環境であること，④表面的でなく，親密

なレベルの接触であること，⑤接触が快いものであり，やりがいを感じることができること，⑥集団間の接触を行い，それぞれの集団が個々の目標に向かい行動するのではなく，重要な行動を共同する形で，機能的に行い，共通の目標を達するように努めること，の6項目の配慮が必要と指摘しています。[18]

　当時，社会的に対立している状況にある集団と集団の接触においては，訓練の目標である態度の変化は望めないと指摘されました。これは当時（あるいは現在も）アメリカ社会の歴史を反映しているもので，人種的・歴史的に対立している集団同士の接触は，目標を達するどころか，暴力的な結果を招くことも想定しておくべきであると指摘されています。

　アミアを含め，この頃の研究は，アメリカ国内におけるアメリカの主流文化集団，つまりヨーロッパ系の集団と少数文化集団の間の接触を対象としているため，国内のこの種の接触と，国外での集団と集団の接触では，仮説検証結果に共通する部分とそうでない部分が存在します。つまり仮説が当てはまらない状況も存在し得るといえます。

（2）　体験学習

　体験学習は異文化トレーニング教育の基本的な考え方であり，他の教育手法との違いを理解しておくべきものです。いわゆる知識学習ではない，体験をもとに互いのコミュニケーションによって学ぶという，人間関係トレーニングの基礎となっている手法です。

　体験学習とは文字通り体験を通じて学ぶもので，次の学習の仮説に基づいています。[19] それは，①参加者は，個人的に参加するとき最も能動的に学習する，②参加者に何らかの意味を与え行動に影響を及ぼす知識は，参加者によって発見されなければならない，③参加者が目標設定をするとき，学習へのコミットメントが最も高くなる，という3つの仮説です。この前提をもとに学習していきます。

　体験学習のプロセスは，体験学習のサイクル図（図1）にあるように，次のように説明されています。①個人に具体的な経験が生じる。②その経験をする際，観察し，熟考し，検討する。③経験を抽象的な概念，基準，法則にする。④新しい状況で試し，自分の理論とする。

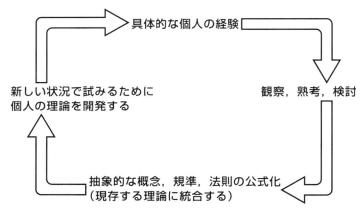

図1 体験学習のサイクル（Johnson, & Johnson, 1975, p.7 より）

　体験学習の目的は，参加者が効果的な行動に関する「個人の理論」を自ら作ることです。例えば，特定の行動が特定の参加者のみの行動なのか，あるいはその参加者の文化背景の人々に一般的であるのかなどを踏まえて理論を作っていきます。と同時に，作った自己の理論を異文化トレーニングの中で試していきます。このサイクル図は，学習は経験からのみ生じるのではなく，経験と経験の概念化から生じることを説明しています。

　体験学習の要素をもつトレーニング方法としてまず登場するのは，地域シミュレーションです。これ以降，日本においても人間関係トレーニングや集団感受性トレーニングなどが試されますが，これらの詳細については『異文化トレーニングマニュアル』を参照してください。[20]

　ここで体験学習の要素をもつトレーニング法として登場した「シミュレーション」についてみていきましょう。

　シミュレーションは，ゲシュタルトあるいはホーリスティックという見方でできています。[21] この見方は，メッセージを送り，相手からのメッセージつまりフィードバックを受け取るという段取り的なコミュニケーションの理解ではなく，そうした複雑な現象全体を大きく1つの現象と理解し，この時のコミュニケーションの細部には注目しない見方のことです。

　この見方は，コミュニケーションそのものの見方が大きく変化したアメリカの1960年代に出てきた見方と考えられます。その大きな変化とは，メッ

セージの見方からコミュニケーションの見方への変化であり，筑紫[22]も引用しているように，コミュニケーションの見方とは，言葉という面だけでなくその側面，例えば非言語の側面を入れて，その対象としなければならないという見方のことです。[23]

シミュレーションはコンフリクトや意思決定，集団間の関係，文化価値といった現象を理解するために有効な方法です。固有の言葉，文法，意味体系，分析技法をもっているという意味において，シミュレーションは「言語」であるといえます。言語を学ぶことでこの世界を理解するのと同様に，シミュレーションをする行為によってこの世界を理解していくという考え方です。現在においても，シミュレーションは教育やトレーニング，調査，研究で用いられています。[24]

そして，異文化トレーニングにおける訓練技法の1つがこのシミュレーションです。例えばグディカンストとハマーの分類中，体験学習においてシミュレーションは，文化集団の数に関係なく有効な方法の1つとして用いられています。シミュレーションの一種であるロールプレーも用いられています。[25]

異文化トレーニング以外の領域でも，例えばビジネススクールを含むビジネスの領域と外国語教育を含む教育の領域では，多くのシミュレーションが用いられています。

ここでシミュレーションの使用に関して，倫理の問題を指摘しておきます。使用にあたっては倫理的配慮が必要となります。倫理的配慮としてシミュレーションを用いたトレーニングを行う際には，これが，よく理解できていない役割や初めて行う行動を参加者に求めるトレーニングであること，さらにその場で積極的な参加も求めていくトレーニングであることを説明する必要があります。さらに，シミュレーションは知識学習の側面も含みながら，情動的および行動的な学習を最も重視するため，学習の場における「失敗」や，個人的な開示というリスクも伴っていることの説明も，実施の前に必須なのです。

表1は，シミュレーションとシミュレーション以外のトレーニング方法を比較したものです。ここには，個人的な開示のリスクの違いが明確に示されています。この表は，参加者の行動形態，失敗や開示によるリスク，学習形

表 1 トレーニングの形態とリスク[26]

	行動形態	リスク	学習形態
レクチャー	受動的・既知	低	知識
ディスカッション	能動的・既知	低	知識
問題解決グループ	能動的・既知・開示	中	知識・情動
クリティカル・インシデント	能動的・未知	中	知識・情動
ロールプレー	能動的・未知・開示	中・高	情動・行動
シミュレーション	能動的・未知・開示	高	情動・行動

(R. M. Paige, & J. N. Martin, 1983)

態の3点について，学習方法の違い，つまりレクチャー，ディスカッション，問題解決グループ，クリティカル・インシデント，ロールプレー，シミュレーションにおける違いを比較したものです。

　レクチャーは一般的な講義の形による知識を教示する方法であり，受講者にとってリスクは低いといえます。つまりアメリカ国内の少人数の授業でも，講義内容への意見を求められることはあっても，個人的な嗜好などの開示を求められることは少ないのです。日本の大学の授業もこうした講義の形が多く，これは情動や行動からの学習という発想ではないためリスクは低いといえます。

　レクチャーという形態に比べ，シミュレーションは情動と行動をトレーニングするもので，未知の状況で能動的により多くの自己開示を求められ，また失敗のリスクもあります。それゆえ，ペイジらは，トレーニングではシミュレーションは数種のトレーニング法を実施しプログラムになじんだ後に実施するべきだとしています。

(本稿は，古田順子の修士論文「異文化間コミュニケーション研究─日米異文化トレーニングの検証─」日本大学大学院総合社会情報研究科，2010年を加筆修正したものです。)

第9章

シミュレーションゲーム

　シミュレーションゲームによる教育は，体験学習の理念を基盤にしています。①受講者は自発的に学習体験に参加したとき最も学習する，②受講者に何らかの意味を与え，受講者の行動に影響を及ぼす知識は受講者によって発見されなければならない，③受講者が学習の目的を設定するとき，学習へのコミットメントが最も高くなる。これが体験学習の3つの理念です。[1]

　本章ではシミュレーションゲームによる教育の特徴，シミュレーションゲームの研究，そしてシミュレーションゲームの3つのテーマを取り上げます。[2]

1．シミュレーションゲームによる教育の特徴

　シミュレーションの見方はゲシュタルトです。つまり，ホーリステックという見方です。[3] メッセージを送信し，相手からのメッセージを受信するといった段取りや順次的な見方とは違い，そうした複雑な現象を包括的に理解し，伝達の細部には注目しないという見方です。

　コンフリクト，意思決定，言語行動，集団関係，文化価値という広範で複雑な現象を理解する上で，シミュレーションという見方はダイナミックで有効な見方といえます。固有の言葉，文法，意味体系，分析技法をもっているという意味において，シミュレーションは「言語」であり，言語を学ぶことによってこの世界を理解するように，「シミュレーションをする」という行為によってこの世界を学ぶことになります。その効果から，シミュレーションは教育，訓練，研究と多方面で用いられるようになりました。[4]

　シミュレーションによる教育技法は，異文化トレーニングでも用いられて

います。例えば、体験学習、文化特定および文化一般に分類される領域では、ロールプレー、ブレインストーミング、非言語ゲームなどが使われています。[5]

一般的に、シミュレーションは全体的なカテゴリーであって、ロールプレーはその一部です。つまり、シミュレーションは必ずしもロールプレーである必要はないが、ロールプレーは常にシミュレーションだということです。[6]

このように、効果的な手法であるシミュレーションは、異文化トレーニングの領域以外に、ビジネススクールや外国語教育においても数多く用いられています。

しかし、このように多用され、かつ有効な手法であるシミュレーションの実施にあたっては、注意すべきこともあります。それは使用の際、倫理的配慮が必要であるという点です。

シミュレーションによる教育は、受講者に対し、参加初期の段階で行動することや積極的に参加することを求めます。また、知識学習という側面も含みながら、情動的および行動的な学習を重視します。さらに、学習の場における「失敗」や個人の自己開示というリスクを伴います。

「トレーニングの形態とリスク」（第8章・表1）は、教育手法によってそれぞれに伴うリスクが異なることを示しています。表によると教育手法は、レクチャー、ディスカッション、集団問題解決、クリティカルインシデント、ロールプレー、シミュレーションと下段に進むにつれて、徐々に失敗と自己開示のリスクが高くなります。学習形態は知識、情動、行動の3種類ですが、表ではシミュレーションは情動と行動の学習に適していることを示しています。

レクチャーという手法に比べ、シミュレーションは情動や行動の面を教育するものであるため、受講者は未知の状況下で、能動的に、より多くの自己開示を求められ、失敗することのリスクも多いといえます。それだけに、ペイジらはプログラムにおいて、数種の手法によるトレーニングを経験した後でシミュレーションを用いるべきだと述べています。[7]

2．シミュレーションの研究

　シミュレーションを用いた実験結果が発表される媒体は，ジャーナルをはじめとする専門機関誌です。本節ではシミュレーションゲームの作り方や評価に関する研究や調査を取り上げ，報告されている内容をいくつか紹介します。多様性に富むシミュレーションを紹介するために，異文化トレーニングに限定することなく，シミュレーション研究機関誌の一般シミュレーションからも収集しました。

　ISAGA 学会（International Simulation and Gaming Association）が主催する年次大会において，集中的に，研究報告や実験報告が行わることがあります。例えば，1985年に行われたサグセット（SAGSET＝Society for the Advancement of Games and Simulations in Education and Training）の年次大会の研究報告があります。その報告書には，以下の議論と報告が記されています。[8]

　(1)　シミュレーションゲームの作成に関する議論
　(2)　教室におけるシミュレーションゲームの展開に関する議論
　(3)　ビジネススクールでの使用に関する議論
　(4)　シミュレーションが使用されている現場からの報告

　アンダーソンとロートンはビジネスコースの科目を教える際，ケース・スタディとシミュレーションの教育効果を比較しました。その結果，技能の習得には，ケース・スタディよりもシミュレーションの方が効果的であることを見出しました。論文では，この結果がこれまでの研究結果と異なる理由についても論じています。[9]

　ミラーとルロー・デマーズは，1950年代から使われ始めたシミュレーションについて論評し，3点を指摘しています。①ビジネスシミュレーションは教育手段としての効果が確認された，②ビジネスシミュレーションは競争的な現実を表していると認めるに十分な複雑性を有している，③シミュレーションを経験させることにより高いレベルのモティベーションを生じさせている，の3点です。[10]

　ロビンソンはシミュレーションゲームの評価について，1991年後半の時点においても十分になされていない事実を指摘し，評価法について概観しまし

た。その結果，5つの評価技法を発見しました。①経済学者の行っているインプット・アウトプット手法，②知識ではなく感情を評価，③現実性，複雑性，融通性，構成という評価項目，④フィードバックの使用，⑤受講者へのアンケートを採用，の5つです。[11]

クラインとフリックは，国際ビジネスの概念を理解させるために作られたシミュレーションの効果について論じました。そこでは4つの国際ビジネスシミュレーションを選び検証しています。その4つとは，①International Operations（INTOP），②Multinational Business Game（MBG），③Multinational Management Game（MMG），④Worldwide Simulation Exercise（WWSE）でした。検証の結果，その4つはシミュレーションの教育項目の多様性や複雑性などを十分備えたもので，教育教材として問題はないと報告しています。[12]

チャプマンは，3つのシミュレーションゲームの構成と機能について検証しました。検証の結果，発展途上国が直面している問題の本質を理解するにあたって効果的なシミュレーションであると報告しています。その3つは，① The Green Revolution Game, ② Exaction, ③ Africulture です。[13]

国際関係を理解させる目的で作られたクライシス（CRISIS）というシミュレーションは，学際的で，比較的容易に短時間で実施できる，よくできたものであることが実験によって証明されました。[14]

ロールプレーやシミュレーションゲームの最後に行うディブリーフィングは重要な作業ですが，学術的にも体系的にも取り上げられることはありませんでしたが，1992年に，機関誌が特別テーマとして取り上げました。そのときレダーマンは，これは画期的なことだと称賛しています。その特集では，①理論と体系的学習の最終段階という捉え方，②3つの作業（シミュレーションへの参加，ディブリーフィング，ジャーナル）の1つとしての捉え方，③ディブリーフィングの実施方法，④倫理的問題点に関する議論，の4つの課題が論及されました。[15]

3．シミュレーションゲーム

異文化トレーニングの領域を含め，広くビジネスおよび教育の領域で使われているシミュレーションゲームを検証し，開発者と内容について紹介しま

す。[16] 紹介するシミュレーションは17種のゲームになります。

（1） アルバトロス（The Albatross）

開発者：Gochenour, T. (1977). The albatross. In D. Batchelder, & E. Warner (Eds.), *Beyond experience: The experiential approach to cross-cultural education*. Brattleboro, VT: The Experiment Press.
内容：異文化トレーニングのための初級レベルのシミュレーション教材です。「アルバトロス」という文化の中で受講者の間で儀礼的な挨拶をします。受講者の理解している既存の"正しい"という前提が、このゲームでは正しいことではなくなってしまうという新しい文化的状況を受講者は体験します。受講者は男性と女性の両性が必要です。

（2） バファバファ（Bafa Bafa）

開発者：Garry Shirts
内容：受講者は6人から60人くらいで行います。受講者を2つの文化グループに分けて行うので、2つの研修室が必要です。教室でも実施可能ですが、机や椅子は片づけて、受講者が自由に動けるスペースを作っておくことが必要です。理想的には、それぞれの文化グループに1人のファシリテーターが付き、文化学習を補助しながら進行するのが望ましいのですが、全体に1人のファシリテーターでもゲームの実施に支障はありません。所要時間は2時間程度です。

　ゲームの実施手順は7つです。
(1) 受講者全体を2つのグループに分け、1つをアルファ、もう1つをベータと名づけます。
(2) それぞれのグループはそれぞれの研修室で、それぞれの文化について学習します。学習する内容は、アルファ（もしくはベータ）文化の言語、非言語、文化価値です。
(3) それぞれの文化で、他方に見学に行く見学者を選びます。受講者の少ないときは見学者は1人、多いときは2人とします。
(4) 見学者を交換します。
(5) 見学者が自分の文化に戻り、見学した文化について話します。

(6) (5)で得た情報を基に，今度は訪問者がそれぞれの文化を訪問し，交流します。
(7) 体験したことについて話し合いと分析をします。

（3） バーンガ（Barnga）

開発者：Sivasailam Thiagarajan

内容：実施時間は45分から2時間です。受講者は9人以上100人も可能という融通のきくシミュレーションゲームです。受講者は小グループでそれぞれのテーブルにつきます。プレーの仕方の書かれた用紙を読みながら，それぞれのグループは簡単なカードゲームを学び，練習します。しばらくするとその用紙が回収されます。会話してはいけないということが告げられ，会話をしないでプレーが続きます。ここからトーナメントが始まります。

それぞれのテーブルから数人が他のグループに参加することもあります。このとき，クスリと笑ったり，テーブルを叩いたり，大げさなジェスチャーをしたりといったことが起きます。その理由は，それぞれのグループに渡された用紙に書かれたゲームのルールが少し違うからです。

このゲームでは，誤解や判断，先入観などが原因で，いろいろな摩擦が生じてしまいます。したがって，ゲームの後のフォローアップのディスカッションは大変エキサイティングなものになります。ルールが違うことはわかっていても，どのように違うかは簡単にはわかりません。また，ルールの違いがわかっても，その違いを埋めるにはどうしたらいいのか，簡単にはわかりません。この共通の体験を現実世界の問題に当てはめてディスカッションをするのがいいでしょう。

（4） クルー＆チャレンジ（Clues & Challenges）

開発者：Sandra Mumford Fowler, Barbara Steinwachs, Pierre Corbeil for Youth for Understanding (Washington, D. C.)

内容：ディブリーフィングを含めて3時間必要です。受講者は6人以上必要です。参加することによって，文化が人の行動にいかに影響しているかを学んでいきます。このゲームを通じて，人の行為や行動にどんなに違和感があっても，その行為・行動は文化価値や習慣，経験に根ざしているというこ

とが理解できるようになっていきます。自分に根づいている自文化から，もう1つの別の文化への目覚めを経験することになります。

まず，小グループに分かれます。カードに書かれた手がかり（クルー）を受け取り，どのような文化なのか，その「秘密」を解こうとします。カードは実際の文化を表しているわけではないので，クルーを手がかりにして最初から始めなければなりません。

このゲームで参加者は2つの挑戦をすることになります。1つは，新しい文化特有の行為や行動を作ることです。2つ目は，新しい文化にとって重要な行為や行動をいっしょに作っていくことです。作られた2つの挑戦を参加者が体験した後，何が起きたか，何を意味していたかについて話し合い，ここで学んだことを実際の異文化の状況に当てはめていきます。このゲームは，異なる状況への感受性や異なる状況へ対応するときの柔軟性と創造性の養成を目的としています。

（5） コントラスト・アメリカン（The Contrast-American）

開発者：Edward Stewart
内容：知覚に関する文化の違いを学習させるシミュレーションです。異なる文化価値をもつ人とのコミュニケーションに現れる社会心理的な側面を，対比させて示すのがこのシミュレーションの特徴です。海外派遣される米国軍人のために，アメリカ文化の価値と前提（知覚因子）と外国文化の「対照」因子をコントラストさせるシミュレーションとして開発されました。行為・行動の側面，対人関係の側面，動機，世界観，自己認知という5つの側面を対象にしています。これらの側面がぶつかり合うところを，アメリカ人とコントラスト（対照）アメリカ人，つまりアメリカ人と非アメリカ人が役割を演じるシミュレーションゲームです。

（6） エコトノス（Ecotonos）

開発者：Nipponica Associates
内容：このゲームでは　多数派と少数派の関係，対等でない関係にある合弁企業という状況が設定されています。多文化の状況という環境での意思決定と課題解決のためのシミュレーションです。

参加対象は，国内外の異文化のグループ，ビジネスマン，大学生，高校生，非営利団体職員などです。

所要時間は約3時間です。ファシリテーターは4人必要で，受講者は12人以上50人以下が適性の範囲です。

（7） ヒューマナス（Humanus）

開発者：Paul A. Twelker, & Kent Layden

内容：人間社会と自然，人間社会と自然環境，社会変革などの前提に関する検討を試みるシミュレーションです。

対象は小学5年生から成人学生まで，実施時間は1時間30分以上，受講者数は2人以上です。

（8） ラベル・エクササイズ（The Label Exercise）

開発者：David Warren, & Peter Adler

内容：このゲームの目的は，人に対してラベルを貼り，ラベル通りに対応して行動してしまうと自分の知覚を限定し，コミュニケーションを制限してしまうという結果を，疑似体験することで学習することです。いろいろなラベルを準備します。開発者のウォレンとアドラーは次のようなサンプルを紹介しています。

1．Tell me I'm right.
2．Ignore me.
3．Treat me as a sex object or tell me I'm sexy.
4．Treat me as a helpless person with nothing worthwhile to say.
5．Interrupt me.
6．Flatter me.
7．Criticize me.
8．Tell me I'm wrong.

受講者全体を6つのグループに分けます。それぞれのグループは「ハワイの生活」といった話題について10分間の話し合いをします。その後，全体で集まり，話し合いをします。そのとき，受講者1人ひとりの額にラベルを付けます。受講者は，会話を交わす相手が付けている額のラベルに書かれた指

示の通りに対応していきます。自分の付けているラベルの内容については，他の人に聞くことはできず，鏡を見ることもできず，自分自身では確認できない状況です。

　ラベルを付けてからは速やかに，話し合いに入ります。10分の話し合いが終わったら，自分がどのように扱われたか，グループに対して話します。この確認と話し合いが終わったら，ラベルをはがし，書かれている内容を見ます。

　全員の確認と話し合いが終わったら，全体のグループに戻り，同じような体験をしたか，実際の世界で同じ体験がないかなどについて話し合います。このゲームで主題となる概念は，ステレオタイプ，偏見，コミュニケーション障害です。

（9）　リビング・イン・ア・グローバル・エイジ（Living in a Global Age）

開発者：Robert E. Freeman, & Stanford Program for International and Cross-cultural Education（SPICE）

内容：3つのグループを作ります。実在の特定の国を連想させないように配慮しながら，3つの国を想定します。第1の国は資源リッチ・技術プア，第2の国は技術ハイ・資源プア，第3の国は技術ハイ・資源モデレート（中間）という設定です。

　このシミュレーションの目的は，戦略を考えて交渉するトレーニングスキルの養成です。議論のテーマは，資源の枯渇，国際的危機（エネルギー，財政など），持つ国と持たない国の関係，外交政策，相互依存，異文化コミュニケーション，グローバルシステムなどです。

（10）　マークホール（Markhall）

開発者：James McCaffrey, Daniel Edwards, Judee Blohm, & David Bachner

内容：2つの異なる国が，異なるマネジメントスタイルで製品を生産し，それぞれ特異の会社文化の環境で販売するという設定です。数時間の体験で，受講者は会社に属することでいろいろな側面を知るようになります。例えば，仕様書，納入期限，市場の開拓，新しい材料，販売会議，冠婚葬祭，退職，昇進などです。

何人かの受講者は時としてそれぞれの会社文化でうまく機能していき，そういう人はディブリーフィングで重要な発言者になります。さまざまな形態での経験値を積み上げるシミュレーションゲームなので，主に多国籍企業で従業員の教育に用いられています。

(11) アウル（The Owl）

開発者：Gochenour, T. (1977). The owl. In D. Batchelder, & E. Warner (Eds.), *Beyond experience: The experiential approach to cross-cultural education*. Brattleboro, VT: The Experiment Press.

内容：エクシアンと呼ばれこともあります。3人のエクシアンと2人の受講者（男性と女性）のやりとりです。受講者が何らかの目的をもってエクシアンに近づく，という設定で交渉を行うシミュレーションゲームです。例えば，受講者は，X国で開催される女王のガーデン祭を訪問する許可を得る目的で，エクシアンと交渉をしていきます。

ゲームでは，エクシアンも受講者もそれぞれ役割を指示されますが，同時に，役割をなるべく広く解釈するようにいわれます。男女関係における文化間の違いや，価値観や非言語行動における文化間の差について学ぶことのできるシミュレーションゲームです。

(12) パーソナル・インベントリー・エクササイズ (Personal Inventory Exercise)

開発者：David Warren, & Peter Adler

内容：コミュニケーションへの文化の影響を認識するシミュレーションです。コミュニティを築くスキルを養成する教育でもあります。服装，装い方，髪のまとめ方，対人の距離など，すべてが設定された文化を反映しています。ポケットや財布の中にあるものまで，細部にわたって文化を反映しているということから，身近なものを題材としてコミュニケーションをしていくゲームです。

受講者を，小グループに分けます。多くても10のグループまでとします。

まず，受講者にポケットあるいは財布の中のものを外に出すように指示します。断る人が出た場合，無理に強要しないことが大切です。プライバシー

の侵害になるからです。

　次に，ポケットあるいは財布の中から出てきたものについて，それぞれ，なぜそれを持っているのか問いかけたりしながら，自文化や異文化について経験していくゲームです。

（13）　ラファラファ（Rafa Rafa）

開発者：Garry Shirts
内容：「バファバファ」の子供版です。目的および実施方法は「バファバファ」と同じです。対象は小学5年生から中学2年生くらい。1時間30分のゲーム時間と30分のディスカッションの時間が必要です。

（14）　セルフ・コンフロンテーション技法（Self-confrontation Technique）

開発者：米軍空軍ライト・パターソン基地（Wright-Patterson）のトレーナー
内容：自己対決法といえる，ビデオを使ったシミュレーションです。特定の役割を演じている受講者をビデオに撮り，再生し，議論していきます。実例は米国の軍隊組織の中の人間関係を扱っているので，状況設定を必要に応じて作成しなければなりません。

（15）　タグゲーム（The Tag Game）

開発者：Norine Dresser, George O. Enell, & Kay Hardman
内容：受講者は異なる形と異なる色のタグ（札）を付け，歩き回り，互いに観察し，グループを作ります。この間，言葉は使いません。話し合いは行わない設定です。これを2回（ふた回り）して，タグを戻し，次いで新しいよりユニークなタグを付けます。そして，もう一度観察し，無言でグループを作ります。最終回のグループを組む判断をするとき，話し合うことを許可します。

　ディブリーフィングでは，グループを作るとき，表面的な類似と相違，内的な類似と相違など，どのような点に注目したのかについて話し合います。

　自由に話し合える環境で，類似と相違について話し合えることの大切さを理解するエクササイズです。ディブリーフィングを含めて1〜2時間の，比

第3部　グローバル社会のコミュニケーション

較的短い時間で行えるコミュニケーションのシミュレーションゲームです。

（16）　トーキング・ロック（Talking Rocks）

開発者：Robert F. Vernon
内容：時間を超えた異文化コミュニケーションがテーマです。文字の起源にいて学ぶエクササイズです。

　小グループに分けてコミュニケーションをしますが，現代の言葉を使用しません。言葉をもたなかった時代の人類のように，絵とか，矢印などを使ったコミュニケーションをしていくシミュレーションゲームです。

　対象は小学5年生から大学生までで，実施時間は1時間から3時間です。

（17）　ホエア・ドゥ・ユ・ドロー・ザ・ライン（Where do you draw the line?）

開発者：Garry Shirts
内容：ゲームの実施時間は1時間程度です。受講者は5人から35人程度です。準備に5分から15分必要です。

　繊細な問題や不本意な出来事について，異なる見方をもつ小グループのいる状況を作ります。グループの間でよく話し合ってみると，状況によってそれぞれのグループの価値観が異なることがわかります。例えば，会社から私用で10ドル程度の長距離電話をするのは許されることか否か，恵まれない子供たちのボランティア事務所で10ドル分の用紙や鉛筆を持ち帰ることは許されることか否かなど，こうした問題に対して，どこで線を引くかを話し合うことがこのシミュレーションゲームのテーマです。

第10章

クリティカル・インシデントと体験学習エクササイズ

　第8章で述べたように，グローバルプログラムの教育・訓練では，知識学習と体験学習の両方の学習手法を用います。知識学習は主にレクチャーによって，そして体験学習はシミュレーションゲームを中心にして学びます。

　体験学習ではシミュレーション以外に，さらにいくつかの手法を用います。それは，クリティカル・インシデント，ケース・スタディ，ロールプレーといった手法です。本章では，クリティカル・インシデントと体験学習エクササイズの手法について解説します。

1．クリティカル・インシデント

　ここでは，クリティカル・インシデントを収集する領域に関する分類，クリティカル・インシデントの構成，およびクリティカル・インシデントのサンプルの3点について解説します。

（1）　クリティカル・インシデントの分類

　クリティカル・インシデントの意味は「重大な出来事」です。何にとって重大なのか。それは異文化コミュニケーションにとってです。つまり，異なる文化背景をもつ人とのメッセージの交換とメッセージの解釈にとって，「重要な出来事」というわけです。

　重要な出来事は多くの人の経験から集めます。職業でいうと，ビジネス，外交官，教員，学校職員，看護師，留学生，技術ボランティアなどになります。そのような人たちから集めた出来事は，領域によって分類されます。例えば，クシュナーとブリスリンは次の9つに分類しました。[1]

1．歴史的な神話
2．人々の態度，特質，技能
3．人々の思考，帰属プロセス
4．属する集団
5．相互作用する状況
6．異文化間の衝突の管理
7．成し遂げたいタスク
8．所属する組織，その組織において成し遂げたいタスク
9．短期および長期の適応プロセス

クリティカル・インシデントは領域による分類以外に，感情と知識によっても分類することができます。まず感情という点について，クシュナーとブリスリンは，異なるものを経験することへの反応を手掛かりに5つに分類しています。[2)]

1. **不安**：経験をしたことのない状況に出会うため，自分の行動が適切かどうか不安に感じる。
2. **容認しない期待**：期待していたこととは違う経験をすることから生じるイライラや落ち着かない気持ち。
3. **所属意識**：集団に属そうという意識。
4. **あいまいさの許容**：異文化のコミュニケーションでは，自分の行動が適切な行動なのかについてあいまいな反応をされてしまう。そのような状況でも機能するには，あいまいさを許容する能力が必要。
5. **自分の偏見への挑戦**：実際に交流することで，もともと自分のもっていた偏見は正しく調整されなければならない。

知識については，8つの分類が提示されています。人は，社会において何が適切なのか学習します。異なる社会に生きようとする人は，それまでに学んだ知識が誤解を招くことに気づきます。そのような学びが次のように分類されています。

1．職場，2．時間と空間，3．コミュニケーションと言語，4．役割，

5．集団と個人，6．儀式と迷信，7．階層と地位，8．価値[3]
さらに，文化の違いに関する出来事が分類されています。次の通りです。
1．カテゴリー，2．差別化，3．内集団と外集団の区別，4．学びのスタイル，5．行動の理由づけ[4]

最後に，クリティカル・インシデントに関して，2つの利用法について解説しておきます。[5] 第1は，個人で利用する方法です。例えば外国語の文法を学ぶように，異なる文化のルールについて自習する方法です。現地に派遣される前に学んでおく方法としては有益な方法です。さらに，教育の中で学ぶ方法が第2の方法です。それは，スモールグループディスカッションで用いる方法です。つまりディスカッションの課題として用いるわけです。

（2） クリティカル・インシデントの構成

出来事，選択肢，選択肢の説明（合理性）という3つの部分で構成します。出来事は，数行から20数行程度，選択肢は4〜6個程度の選択肢，選択肢の説明は20数行程度です。これは厳格に決められているのではなく，選択された出来事や合理的な説明に必要な文字数となります。

（3） クリティカル・インシデントのサンプル

実際のサンプルを示し，内容を明らかにします。以下のサンプルは，筆者（西田司）の編集した文献からの援用です。[6]

・サンプル①
テーマ：招待を受ける
出来事：アメリカ人から，パーティーで家に招かれる。
選択肢：あなたの返事は：
 1．「喜んでうかがいます。何時にうかがえばよろしいですか」
 2．「喜んでうかがいます。ルームメートを連れていっていいですか」
 3．「はい。何か持っていきましょうか」
 4．「喜んでうかがいますが，ベビーシッターが見つからないと思います」

選択肢の説明

1. よい返事です。到着時間があまり重要でなければ，友人はそのように言うでしょう。さもなければ，言われた時刻から15分〜20分以内に着くようにしましょう。（遅れる場合は，その旨，電話しておきましょう。）
2. パーティーがインフォーマルで，少なくともあらかじめ言ってあれば，ふつうは友人を連れていってもかまいません。しかしテーブルについて食事をする形のパーティーなどでは，直接招待を受けた人に限られます。
3. 何か持っていきましょうかと問うことは，常に礼にかなったことです。招待者が何も言わなくても，ナッツ，キャンディ，ケーキ，ワインといった簡単な手土産を持っていくとよいでしょう。これはあなたが決めることで，何か持っていかなければいけないというものではありません。
4. 子供も含める場合には，招待状にそのように書いてあるのがふつうです。アメリカのパーティーでは，一般に子供は含みません。子供を連れていきたいと言って断られても気を悪くしないでください。

・サンプル②

出来事：遅れそうな宿題。宿題を明日までにやらなければならないが，間に合わないことがわかっている。

選択肢：あなたはどうするか：
1. 宿題が終わるまで授業に出ないことにする。
2. 教室の外で先生に状況を説明し，期限の延期を頼む。
3. できるだけがんばって，徹夜してでも終わらせる。そして期限までにできた分を提出する。
4. レポートを持たずに授業に出る。

選択肢の説明

1. これは卑怯者のやり方です。宿題を出さないだけでなく，授業まで出ないことになってしまいます。先生にはあなたの欠席理由がわかり，授業に出てこないからといって，宿題の遅れを許されることに

はならないでしょう。
　2．宿題の提出が遅れるそれなりの理由がある場合には，これはよい考えです。しかし先生には，遅れた宿題を受け取らなかったり，低い成績をつけたりする権利があります。先生は，宿題は当然，期限までに提出するものと思っていることを心にとめておいてください。弁解は本当に緊急の場合にのみすべきです。
　3．多くの生徒がこうします。もし遅れるそれなりの説明ができないなら，これが最善の選択でしょう。
　4．全然授業に出ないよりは，宿題をやらずに授業に出た方がよいでしょう。ただし，先生は宿題を重視するということをお忘れなく。提出が遅れれば成績はおそらく下がるでしょう。

・サンプル③
出来事：従業員の解雇。商売が悪化し（売り上げ不振），経費を削減しなければならない。従業員を1人解雇することになり，誰にするかを決めなければならない。
選択肢：あなたはどうするか：
　1．仕事の責任の最も少ない従業員を選ぶ。
　2．雇用年数の最も少ない従業員を選ぶ。
　3．欠勤と遅刻が最も多い従業員を選ぶ。
　4．業績の最も悪い従業員を選ぶ。
選択肢の説明
　1．あまりよくありません。担当割り当ての少ない従業員に不利になってしまいます。アメリカでは一般的な解決法ではありません。もっと担当したかったのに与えられなかったのだ，とその従業員が苦情を言うことにもなります。
　2．正解です。説明しなくても納得してもらえる決定がこれです。
　3．誤りです。正当化できるかもしれませんが，従業員が従わない場合は，欠勤数や遅刻が解雇理由だということを証明するために，記録調査に多くの時間を費やすことになります。遅刻や欠勤を理由に従業員を解雇する場合は，前もって1〜2回，その従業員と問題点を

話し合わなければなりません。
4．今回はよい選択ではありません。誰かを解雇する理由は経費の削減です。他の理由で従業員を解雇するときは，問題になっている点を1〜2回，その従業員と話し合わなければなりません。これは「警告」といい，従業員に改善のチャンスを与えます。

・サンプル④
出来事：私用電話の問題。最近，従業員の1人が電話を私用で使うようになった。このため電話もふさがり，客が店（事務所）へ連絡するのに支障をきたし，その従業員の仕事にもさしつかえる。仕事が暇なときを見計らって本人を呼び，この問題について彼と話す。
選択肢：あなたが彼に言うことは：
1．私用電話はいけません。電話で個人的なことをしゃべっていると，電話がふさがり，客は店に連絡できなくなる。さらに店（事務所）では仕事をしてもらいたいのであって，電話で社交をしてもらいたいのではない，と説明する。
2．どんな私用電話も許可できません。客以外の人と電話で3分以上話したら，あなたは首になるかもしれません。
3．私用電話は極力少なくしてください。客は店（事務所）に連絡する用事があるし，会社はあなたの仕事に対して給料を払っているのであって，電話で社交するのに払っているのではありません，と説明する。
4．この問題を説明し，彼の友達や家族に電話をかけてこないようにしてほしい，ときびしく言う。

選択肢の説明
1．少し強すぎます。
2．最初の警告としては強すぎます。何回か警告した後なら妥当ですが，初めてのときはよくありません。
3．正解です。最初の処置としてはこれば最善です。もし問題が継続するようなら，2の対応を考えてください。
4．よい考えではありません。彼が友達や家族のメンツをたてることも

必要です。この対応では彼の顔をつぶすことになります。

クシュナーとブリスリンは，110個のインシデントを18に分類し，提示しました。[7]
1．不安，2．感情的経験，3．所属，4．あいまいさ，5．偏見，6．職場，7．時間と空間，8．言語とコミュニケーション，9．役割，10．集団と個人，11．儀式と迷信，12．階層と地位，13．価値，14．学びのスタイル，15．カテゴリー，16．区別，17．内集団と外集団，18．行動の理由づけ

例えば，分類1の「不安」に関しては，6つのクリティカル・インシデント，分類2の「感情的経験」には8つのクリティカル・インシデントが収録されています。最も多くのクリティカル・インシデントが提示されているのは分類9の「役割」で，14個でした。

1つの分類に複数のクリティカル・インシデントが提示されていて，そのまま教育で用いることができるようになっています。

2．体験学習エクササイズ

体験学習エクササイズでは，6つの項目が提示されています。
1．目的，2．対象受講者，3．所要時間，4．道具，5．手順，6．ディブリーフィング

また体験学習エクササイズを編集した文献には，次の6つの領域に分類された32のエクササイズが紹介されています。[8]
1．認知，2．自己の文化的特徴の理解，3．異文化の見方，4．多文化の職場，5．異文化の出来事，6．母国への再入国

以下，3つの体験学習エクササイズを解説します。

・サンプル①
テーマ：名前の由来
目的：初対面の場を和ませ，名前を知ることで，グループとしての親近感を醸成する。

教材：黒板とチョーク，あるいは大きい紙とマジック。
時間：受講者の数により，10〜90分。
手順：ファシリテイターがまず1つのサンプルを示す。自分の名前を黒板に書き，名前にまつわる背景的な意味を述べる。自分の文化における意味についても紹介する。また自分の名前が好きだったか，嫌いだったかなど自分の名前に対する自分の気持ちを述べる。プレゼンが終わっても，黒板に書いた自分の名前はそのまま残し，席に戻る。次に，受講者が順に自分の名前を黒板に書き，同様なことについて，あるいはそれ以外のことについて述べる。受講者すべてが行う。

・サンプル②
テーマ：コンテクスト
目的：意思決定に必要な情報の量に，文化による違いがある。その点を理解することが目的である。
教材：鉛筆，ハンドアウト1〜3。[9]
時間：受講者の数により，1〜2時間。
手順：1．ハンドアウト1を配布し，読んで理解するように指示する。ハンドアウトには，ハイコンテクストとローコンテクストについて説明が書かれている。
　　　2．ハイとローのコンテクストの文化の主な特徴を黒板にリストアップさせる。次に，ハンドアウト2を配布する。この内容は，分析的思考と直感的思考を比較したリストである。
　　　3．ハンドアウト3の状況リストを読みなさい。そして，すぐ，ハイかローか，答えなさい。
　　　4．状況リストに戻り，ハイの受講者，あるいはローの受講者にそれぞれの状況でどうするか尋ねなさい。

・サンプル③
テーマ：自己開示
目的：自己を開示するのは相手により異なる。また，状況により異なる。自己開示を知ることが目的である。

受講者数：上限はない。
教材：ボールペン，鉛筆，ハンドアウト（自己開示尺度）。[10]
時間：45分（尺度の記入10分，グループディスカッション20分，全体のディブリーフィング15分）
手順：1．自己開示尺度を説明する。回答させる。
　　　　2．小グループ（3～6人）を作る。それぞれの小グループの中で，記入した自己開示の結果について話し合う。
　　　　3．ディブリーフィングをする。

注

第 1 章
1) 本書はウィリアム・グディカンストとチャールズ・バーガーの不確実性という概念を中心にした，20世紀後半のインターパーソナル・コミュニケーション理論に基づいた教科書です。
2) インターパーソナル・コミュニケーション領域の研究が2016年にバーガーとロロフによってまとめられました。Berger, C. R., & Roloff, M. E. (2016). *The International Encyclopedia of Interpersonal Communication. Vols. I-III*. Wiley Blackwell. グディカンストの不安／不確実性制御理論についてバーガーの依頼により筆者（西田司）が解説しました。"Anxiety/Uncertainty Management Theory" (Vol. 1, pp. 40-50).
3) 代表的な研究者はバーロです。Berlo, D. (1960). *The Process of Communication*. New York: Holt. （邦訳　D・K・バーロ『コミュニケーション・プロセス―社会行動の基礎理論』（布留武郎・阿久津義弘訳，共同出版，1972）
4) ワツラヴィックの語用論を参照してください。Watzlawick, P., Beavin, J., & Jackson, D. (1967). *The Pragmatics of Human Communication*. New York: Norton. です。日本語では，ワツラヴィック・バヴェラス・ジャクソン『人間コミュニケーションの語用論―相互作用パターン，病理とパラドックスの研究』（尾川丈一訳，二瓶社，2007）があります。
5) 予測を含め，関係とコミュニケーションの親密化についてはミラーらの研究を参考にしています。よく読まれたのは Miller, G., & Steinberg, M. (1975). *Between People*. Chicago: Science Research Associates. という本です。
6) 対人の物理的距離についてはエドワード・T・ホールを引用することが多い。おおよそ半世紀前に発表されているので，変化しているかどうかについて留意しなければならないが，参考までに紹介します。対人距離の使い方を4つの距離帯に分けています（さらに近と遠に分け，合計8つの分類を提示している）。

 親密距離　近 0 cm‒15cm　遠15cm‒45cm
     仲の良い間柄の人々の間で用いられる。相手の体温や匂いを感じる。
 個人距離　近45cm‒75cm　遠75cm‒120cm

　　　　　　　私的にも，公的にも，個人が保つ距離で，相手を詳しく観察できる。
　　社会距離　近120cm－210cm　遠210cm－360cm
　　　　　　　オフィスの机や家の中のイスの配置など。相手を観察できるが，細かいところまではわからない距離。
　　公共距離　近360cm－750cm　遠750cm－
　　　　　　　立会演説会などの公的な場。演説者の全体像は見えるが，身体や服装の細かい部分まではよく見えない。
　　この距離感覚から，2つのことを理解すればいいと考えます。1つは，アメリカにはたくさんの人種背景の人がいて，それぞれの文化の特徴を残している。つまり，少数民族の人々がそれぞれの特徴をもっています。このホールの調査対象はヨーロッパ系の人々が中心ということです。もう1つは，アメリカ人はおおよそこの距離感覚をもっているという理解が必要ということです。アメリカ人に近寄り過ぎると，不快に感じ，自分から離れて，距離を保つ行動をすることもある。その理由は，私を個人的に嫌いだからというのではなく，一般的に，このような対人の距離感をもっているからだと理解すべきということです。
7）アメリカのスピーチ教育を歴史的に遡れば，紀元前4，5世紀の古代ギリシャのプラトンとアリストテレス（師と弟子の関係）の書物にたどり着きます。実際，アメリカでは，1960年代まで，スピーチ教育が行われていて，プラトンの『修辞学』が教科書として使われていました。アリストテレスの理論を教えると同時に，ディスカッションやディベートといった実践も教えていました。レトリックといった小難しい表現よりは，スピーチというやさしい表現をアメリカ人は好みました。スピーチといえば，一般の人がとっつきやすいというわけです。しかし，言葉に対する考え方は，きわめて厳格でした。例えば，正確な発音や，正確な文法が使えない人に対して，評価は最悪です。国内のアメリカ人であれ，外国人であれ，なまりは直さないといけない。矯正する。スピーチ・クリニックに来なさいという態度でした。大学には，無料のスピーチ・クリニックがありました。
8）1960年代まで置かれていた科目の名称は Speech, Public Speaking, Argumentation, Discussion, Debate などでした。一方，1970年代に置かれていった科目は Communication Theory, Interpersonal Communication, Health Communication, Small Group Communication, Organizational Communication, Intercultural Communication, Nonverbal Communication などです。
9）システムに関してはフィシャーを参考にし，システム理論の特徴について

論じました。Fisher, B. A. (1978). *Perspectives on Human Communication*. New York: Macmillan.
10) 小集団の分析，特に，ファンタジーの研究については，ミネソタ大学のアーネスト・ボーマン教授がよく知られています。専門領域はスモール・グループ・コミュニケーションです。
11) グディカンストのモデルは Gudykunst, W. B., Ting-Toomey, S., Sudweeks, S., & Stewart, L. P. (1995). *Building bridges: Interpersonal skills for a changing world*. Boston: Houghton Mifflin. に提示されています。そして，モデルの背景にある理論は Gudykunst, W. B. (2004). *Bridging differences* (4th edn.). Newbury Park, CA: Sage. にあります。前者は大学の教科書，後者は理論書というわけです。
12) アイデンティティには3つの種類があります。ヒューマン，ソーシャル，パーソナルです。ヒューマン・アイデンティティは，人が共有する人としての考えです。ソーシャル・アイデンティティは，社会集団や文化集団の1人としての考えです。パーソナル・アイデンティティは，2人とない，個人としての考えです。
13) 前掲書，Gudykunst, W. B., Ting-Toomey, S., Sudweeks, S., & Stewart, L. P. (1995). *Building bridges: Interpersonal skills for a changing world*. Boston: Houghton Mifflin.
14) Turner, J. H. (1988). *A theory of social interaction*. Palo Alto, CA: Stanford University Press.
15) グディカンストとシャピロの共同研究から見出されました。Gudykunst, W. B., & Shapiro, R. (1996). Communication in everyday interpersonal and intergroup encounters. *International Journal of Intercultural Relations*, 20, 19-45.
16) ランガーの論じた概念をグディカンストが自らの理論に導入しました。Langer, E. (1989). *Mindfulness*. Reading, MA: Addison-Wesley.
17) Gudykunst, W. B. (1995). Anxiety/uncertainty management theory. In R. Wiseman (Ed.), *Intercultural communication theory*. Thousand Oaks, CA: Sage.

第2章

1) Langer, E. (1989). *Mindfulness*. Reading, MA: Addison-Wesley.
2) 同上書，Langer, 61-72.
3) Gudykunst, W. B. (1995). Anxiety/uncertainty management theory. In R. Wiseman (Ed.), *Intercultural communication theory* (pp. 8-58). Thousand

Oaks, CA: Sage.
4) Gudykunst, W. B. (2004). *Bridging differences* (4th edn.). Newbury Park, CA: Sage.
5) Abelson, R. (1976). Script processing in attitude formation and decision making. In J. Carroll, & J. Payne (Eds.) *Cognition and social behavior*. Hillsdale, NJ: Lawrence Erlbaum.
6) Langer, E. (1978). Rethinking the role of thought in social interaction. In J. Harvey, W. Ickes, & R. Kidd (Eds.), *New directions in attribution research* (Vol. 2). Hillsdale, NJ: Lawrence Erlbaum.
7) Lazarus, R. (1991). *Emotion and adaptation*. New York: Oxford University Press.
8) Stephan, W., & Stephan, C. (1985). Intergroup anxiety. *Journal of Social Issues*, 41, 157-166.
9) Berger, C. R., & Calabrese, R. (1975). Some explorations in initial interactions and beyond: Toward a developmental theory of interpersonal communication. *Human Communication Research*, 1, 99-112.
10) 前掲書，Gudykunst, 2004.
11) 前掲書，Gudykunst, 2004.
12) マインドフルの測定項目は，元々グディカンストがバーガーの定義をもとに作成したものです。グディカンストの *Bridging differences*（Sage, 1991）第1版から第4版にあります。その第1版の邦訳は『異文化に橋を架ける』（聖文社，1993）です。さらに，質問項目について，日本人の人間関係とコミュニケーションの観点から項目を検討し，西田司・寺尾順子『親密化のコミュニケーション』（北樹出版，2010）に提示しました。今回さらに加筆訂正しました。

第3章

1) Turner, J. H. (1988). *A theory of social interaction*. Stanford, CA: Stanford University Press.
2) Gudykunst, W. B. (1993). Toward a theory of interpersonal and intergroup communication: An anxiety/uncertainty management (AUM) perspective. In R. Wiseman, & J. Koester (Eds.), *Intercultural communication competence*. Newbury Park, CA: Sage.
3) Stephan, W. G., & Stephan, C. W. (1985). Intergroup anxiety. *Journal of Social Issues*, 41, 157-166.

4) トーマス・カーチマンの執筆した専門書に詳細な説明があります。Kochman, T.（1981）. *Black and white styles in conflict*. The University of Chicago Press. イリノイ大学教授を退職した後，トーマス・カーチマンはシカゴ市でコンサルティング会社（Kochman Communication Associates）を起こします。そこで行った教育プログラムの中でも，この問題を取り上げています。
5) ウィスコンシン州にあるマーケット大学のロバート・シャター教授が作成したインタビューに録画されています。このビデオ作品はシャター教授が筆者（西田司）に贈呈したものです。
6) McCroskey, J.（1986）. *An introduction to rhetorical communication* (5th edn.). Englewood Cliffs, NJ: Prentice-Hall. 本書の第1版は1968年に刊行されていて，副題は *The theory and practice of public speaking* となっています。つまりパブリック・スピーキングに関する理論と実践の書です。メッセージの準備とプレゼンテーションの説明に大半のページを使っています。
7) 1980年代の調査ですが，尺度を訳し，調査結果を考察しました（西田司）。「コミュニケーション不安の測定」『日本大学国際関係学部研究年報』第8集（1986）.「日本人大学生のコミュニケーション不安」『国際関係研究』（日本大学）第8巻第3号（1988）.「日本人のコミュニケーション不安と使用言語」『国際関係研究』（日本大学）第9巻第2号（1988）.

第4章
1) Berger, C.R., Gardner, R., Parks, M., Shulman, L., & Miller, G.（1976）. Interpersonal epistemology and interpersonal communication. In G. Miller（Ed.）, *Explorations in interpersonal communication*. Beverly Hills, CA: Sage.
2) Berger, C.R., & Calabrese, R.（1975）. Some explorations in initial interactions and beyond: Toward a developmental theory of interpersonal communication. *Human Communication Research*, 1, 99-112.
3) この見方はグディカンスト理論におけるコミュニケーションの見方の1つとして発表されたものです。*Bridging Differences: Effective intergroup communication*. (4th edn.) Sage. の理論的基盤となっています。
4) Gudykunst, W. B., & Nishida, T.（1984）. Individual and cultural influences on uncertainty reduction. *Communication Monographs*, 51, 23-36.
5) Gudykunst, W. B.（1993）. Toward a theory of interpersonal and intergroup communication: An anxiety/uncertainty management（AUM）perspective. In R. Wiseman, & J. Koester（Eds.）, *Intercultural communication competence*. (pp.33-71). Newbury Park, CA: Sage.

6) Hofstede, G. (1980). *Culture's consequences*. Beverly Hills, CA: Sage.
7) Kochman, T. (1981). *Black and white styles in conflict*. Chicago: The University of Chicago Press. ワスプは，白人エリートの保守派支配層の人々という意味もあります。カーチマンは好んでこの意味で用いていました。
8) 前掲書, Hofstede, G., 1980.
9) Gudykunst, W. B. (1994). *Bridging differences*. (2nd edn.) Newbury Park, CA: Sage.

第 5 章

1) 丸山真純・吉武正樹（2011）.「第Ⅲ部　異文化コミュニケーション：第1章　異文化コミュニケーション研究の歴史」『現代日本のコミュニケーション研究：日本コミュニケーション学の足跡と展望』(pp. 104-110) 三修社.
2) Gudykunst, W. B., Matsumoto, Y., Ting-Toomey, S., Nishida, T., Kim, K. S., & Heyman, S. (1996). The influence of cultural individualism-collectivism, self construals, and individual values on communication styles across cultures. *Human Communication Research*, 22, 510-543.
3) Hofstede, G. (1991). *Cultures and organizations*. London: McGraw-Hill.
4) Triandis, H. C. (1988). Collectivism vs. individualism. In G. Verma & C. Bagley (Eds.), *Cross-cultural studies of personality, attitudes, and cognition* (pp. 60-95). London: Macmillan.
5) Gudykunst, W. B., & Nishida, T. (1994). *Bridging Japanese/North American differences*. Thousand Oaks, CA: Sage.
6) グディカンスト(2004)は，コミュニケーションにおける誤解を最小限にするというのは，コミュニケーションを効果的に行うことであると説明しています。Gudykunst, W. B. (2004). *Bridging differences: Effective intergroup communication* (4th edn.). Thousand Oaks, CA: Sage.
7) 高野陽太郎(2008).『「集団主義」という錯覚─日本人論の思い違いとその由来』新曜社.
8) 日本人大学生の価値観に関する詳細は，「5．個人主義／集団主義という理論的枠組の捉え方」の中で説明しています。
9) 前掲書, Gudykunst, W. B., Matsumoto, Y., Ting-Toomey, S., Nishida, T., Kim, K. S., & Heyman, S., 1996.
10) Markus, H., & Kitayama, S. (1991). Culture and the self: Implications for cognition, emotion, and motivation. *Psychological Review*, 98, 224-253.
11) Kim, M. S., Klingle, R. S., Sharkey, W. F., Park, H. S., Smith, D. H., & Cai, D. (2000).

A test of cultural model of patients' motivation for verbal communication in patient-doctor interactions. *Communication Monographs*, 67, 262-283.
12) Kim, M. S., Smith, D. H., & Yueguo, G. (1999). Medical decision making and Chinese patients' self-construals. *Health Communication*, 11, 249-260.
13) Rosenberg, M. (1965). *Society and adolescent self-image*. Princeton, NJ: Princeton University Press.
14) 例えば，Mantzicopoulos, P. (1990). Coping with school failure: Characteristics of students employing successful and unsuccessful coping strategies. *Psychology in the Schools*, 27, 138-143.
15) Luhtanen, R., & Crocker, J. (1992). A collective self-esteem scale: Self-evaluation of one's social identity. *Personality and Social Psychology Bulletin*, 18, 302-318.
16) Ogawa, N., Gudykunst, W. B., & Nishida, T. (2004). Self construals and self-esteem in Japan and the United States. *Journal of Intercultural Communication Research*, 33 (1), 29-47.
17) 文化間の比較では，個人的自尊心と集団的自尊心の両方ともアメリカ人の方が日本人よりも強くもっていました。
18) Ogawa, N. (2007). *Stress, coping behavior, and social support in Japan and the United States* (Doctoral dissertation, University of Oklahoma, 2007). Retrieved from https://shareok.org/bitstream/handle/11244/1325/3330867.PDF?sequence=1
19) Nakane, C. (1970). *Japanese society*. Berkeley: University of California Press.
20) もちろん，たいていの人は家族や友人などの集団を認識しますが，それらの集団に対しても帰属意識がなく，一匹狼のように生きる人のことです。
21) Lewin, K. (1951). *Field theory in social science: Selected theoretical papers*. D. Cartwright (Ed.). New York: Harper & Row.

第6章

1) Hall, E. (1976). *Beyond culture*. New York: Doubleday. 邦訳 (1993)『文化を越えて』TBS ブリタニカ．
2) トリアンディスとの私信にあるとグディカンストは述べています。その文章はグディカンスト著の Gudykunst, W. B. (1991). *Bridging differences: Effective intergroup communication*. Newbury Park, CA: Sage. p.50.（邦訳『異文化に橋を架ける』聖文社, pp. 84-85）にあります。
3) 前掲書，Hall, 1976.

4）前掲書，Hall, 1976.
5）西田司（2004）.『不確実性の論理』創元社.
6）Triandis, H. C. (1995). *Individualism & collectivism*. Boulder, CO: Westview. 邦訳 H・C・トリアンディス『個人主義と集団主義』北大路書房.
7）渡辺文夫(1991).『異文化の中の日本人』淡交社.
8）Hofstede, G. (1991). *Cultures and organizations*. London: McGraw-Hill.
9）Hofstede, G. (1980). *Culture's consequences*. Beverly Hills, CA: Sage.（邦訳『経営文化の国際比較』産業能率大学出版）
10）White, M. (1993). *The material child: Coming of age in Japan and the United States*. New York: Basic Books.
11）Gudykunst, W. B. (2004). *Bridging differences* (4th edn.). Newbury Park, CA: Sage.
12）前掲書，Hofstede, 1980.
13）Bem, S. (1974). The measurement of psychological androgyny. *Journal of Consulting and Clinical Psychology*, 42, 155-162.
14）Hofstede, G., & Bond, M. H. (1984). Hofstede's culture dimensions. *Journal of Cross-Cultural Psychology*, 15, 417-433.
15）前掲書，Hofstede, 1980.
16）前掲書，Hofstede, 1980.
17）前掲書，Hofstede, 1980.
18）Midooka, K. (1990). Characteristics of Japanese-style communication. *Media, Culture, and Society*, 12, 477-489. 日本社会はタテ社会という議論については，Nakane, C. (1970). *Japanese society*. Berkeley: The University of California Press.

第7章

1）古田順子(2015).「異文化トレーニングプログラムの比較研究」『比較生活文化研究』第21号，45-56.
2）Gudykunst, W. B. (2004). *Bridging differences: Effective intergroup communication*. (4th edn.) Thousand Oaks, CA: Sage.
3）同上書，Gudykunst, 2004.
4）同上書，Gudykunst, 2004.

第8章

1）西田司(1986).『異文化適応行動論』高文堂出版社.

2) Ruben, B., Askling, L., & Kealey, D.（1977）. Cross-cultural effectiveness. In D. S. Hoopes, P. Pedersen, & G. Renwick（Eds.）, *Overviews of intercultural education, training, and research*, I. Washington, D. C.: Society for International Education, Training and Research.
3) Gudykunst, W. B., & Hammer, M. R.（1983）. Basic training design: Approaches to intercultural training. In D. Landis & R. Brislin（Eds.）, *Handbook of intercultural training*, Vol. 1. Elmsford: Pergamon.
4) Barndt, D.（1972）. The cross-cultural communication workshop. In D. Hoopes（Ed.）, *Readings in intercultural communication*, 2. Pittsburg: International Communication Network.
5) 前掲書，Gudykunst, & Hammer, 1983.
6) Hoopes, D. S., & Ventura, P.（1979）. *Intercultural sourcebook: Cross-cultural training methodologies*. Chicago, IL: Intercultural Press.
7) Moran, R.（1974）. Personality correlates and changes in worldminded- ness after an intercultural group experience. Unpublished thesis. University of Minnesota.
8) Warren, D., & Adler, P.（1977）. An experiential approach to instruction in intercultural communication. *Communication Education*, 26, 128-134.
9) Ruben, B., & Kealey, D.（1979）. Behavioral assessment of communication competency and the prediction of cross-cultural adaptation. *International Journal of Intercultural Relations*, 3, 15-47.
10) Downs, J. F.（1969）. Fables, fancies and failures in cross-cultural training. *Trends*, 7, 3.
11) 前掲書，Warren, & Adler, 1977.
12) Triandis, H.（1977）. Theoretical framework for evaluation of cross-cultural effectiveness. *International Journal of Intercultural Relations*, 1, 19-46.
13) 前掲書，Gudykunst, & Hammer, 1983.
14) 前掲書，Gudykunst, & Hammer, 1983.
15) 西田司（1994）.『異文化トレーニングマニュアル　教材情報資料 No.13』職業能力開発大学研修研究センター．
16) David, K.（1972）. Intercultural adjustment and applications of reinforcement theory to problems of cultural shock. *Trends*, 4, 3.
17) Amir, Y.（1969）. Contact hypothesis in ethnic relations. *Psychological Bulletin*, 71, 319-342.
18) 前掲書，Amir, 1969.

19) Johnson, P. W., & Johnson, F. (1975). *Joining together: Group theory and group skill*. Englewood-Cliffs, NJ: Prentice Hall.
20) 前掲書，西田司, 1994
21) Duke, R. D. (1989). Gaming/simulation: A gestalt communications form. In D. Crookall, & D. Saunders (Eds.), *Communication and simulation*. Clevedon, UK: Multilingal Matters.
22) 筑紫哲也(2002).『ニュースキャスター』(pp. 71-72) 集英社新書.
23) A・マレービアン (1986). (西田司・津田幸男・岡本輝人・山口常夫訳)『非言語コミュニケーション』聖文社.
24) Crookall, D., & Saunders, D. (1989). Towards an integration of communication and simulation. In D. Crookall, & D. Saunders (Eds.), *Communication and simulation*. Clevedon, UK: Multilingaul Matters.
25) 前掲書，Gudykunst, & Hammer, 1983.
26) Paige, R. M., & Martin, J. N. (1983). Ethical issues and ethics in cross-cultural training. In D. Landis, & R. Brislin (Eds.), *Handbook of intercultural training*, Vol. 1. Elmsford: Pergamon.

第9章

1) Johnson, P. W., & Johnson, F. (1975). *Joining together: Group theory and group skill*. Englewood-Cliffs, NJ: Prentice Hall.
2) 本章は筆者(西田)の「シミュレーション手法による異文化トレーニング」(pp. 103-126) を基にしています。西田司(1998)『異文化の人間関係』(多賀出版)所収.
3) Duke, R. D. (1989). Gaming/simulation: A gestalt communications form. In D. Crookall, & D. Saunders (Eds.), *Communication and Simulation*. Clevedon, UK: Multilingual Matters.
4) Crookall, D., & Saunders, D. (1989). Towards an integration of communication and simulation. In D. Crookall, & D. Saunders (Eds.), *Communication and Simulation*. Clevedon, UK: Multilingual Matters.
5) 参考までに2点掲げておきます。
Hull, W. F. (1972). Changes in worldmindedness after a cross-cultural sensitivity group experience. *Journal of Applied Behavioral Science*, 18, 68-87.
西田司 (1985).「米国における文化間の人間関係トレーニングの歴史と理論的背景」『日本大学文理学部(三島)研究年報』第33集，87-96.
6) 前掲書，Crookall, & Saunders, 1989.

7) Paige, R. M., & Martin, J. N. (1983). Ethical issues and ethics in cross-cultural training. In D. Landis, & R. Brislin (Eds.), *Handbook of Intercultural Training*, Vol. 1. Elmsford: Pergamon.
8) Craig, D., & Martin, A. (Eds.) (1986). *Gaming and Simulation for Capability: Perspectives on Gaming and Simulation* II. Leicestershire, UK: SAGSET.
9) Anderson, P. H., & Lawton, L. (1991). Case study versus a business simulation exercise: Student perceptions of acquired skills. *Simulations/Gages for Learning*, Vol. 21, No. 3, 250-261.
10) Miller, R., & Leroux-Demers, T. (1992). Business simulations: Validity and effectiveness. *Simulations/Gages for Learning*, Vol. 22, No. 4, 261-285.
11) Robinson, N. (1992). Evaluating simulations and games: An economist's view. *Simulations/Gages for Learning*, Vol. 22, No. 4, 308-325.
12) Klein, R. D., & Fleck, R. Jr. (1990). International business simulation/gaming: An assessment and review. *Simulations/Gages for Learning*, Vol. 21, No. 2, 147-165.
13) Chapman, G. P. (1992). Doing is learning: Teaching development studies by the next best experiences. *Simulations/Gages for Learning*, Vol. 22, No. 3, 137-152.
14) Diehl, B. J. (1991). CRISIS: A process evaluation. *Simulations/Gages for Learning*, Vol. 22, No. 3, 293-307.
15) Lederman, L. C. (1992). Debriefing. *Simulations/Gages for Learning*, Vol. 23, No. 2, 141-211.
16) 本章は筆者(西田)の「シミュレーション手法による異文化トレーニング」(pp. 114-126),『異文化の人間関係』(多賀出版,1998)を基にしています。シミュレーションゲームの入手先の情報は削除しました。

第10章

1) Cushner, K., & Brislin, R. W. (1996) (2nd edn.) *Intercultural interactions: A practical Guide*. Thousand Oaks, CA: Sage. p. 26.
2) 同上書, p. 39.
3) 同上書, pp. 40-41.
4) 同上書, pp. 41-42.
5) Fowler, S. (1995) (Ed.). *Intercultural sourcebook: Cross-cultural training methods*, Vol. 1. Yarmouth, ME: Intercultural Press.
6) 西田司 (1985) (編).『アメリカ人間関係ルール』創元社.

7）前掲書，Cushner, K., & Brislin, p. 55.
8）Seelye, H. N.（1996）(Ed.). *Experiential activities for intercultural learning*. Vol. 1. Yarmouth, ME: Intercultural Press.
9）同上書，pp. 60-63.
10）同上書，p. 69.

用語解説

あ

アーギュメンテーション　1対1の討議。

アイデンティティ　1つの状況における自分自身を見る見方。すべてのアイデンティティをあわせて自己概念という。

怒り　自分たちに対して，あるいは自分たちに近い人に対して品位を下げるような攻撃をしたと感じた相手に対して経験する感情。

意図　何かをしようとする指図のこと。特定の状況でこのように行動せよと自分自身に与える指図である。

意味　メッセージにつける意義，あるいはメッセージの解釈。

インターカルチュラル・コミュニケーション　異なる文化に属する人と効果的に情報を交換すること。

インターグループ・コミュニケーション　集団間のコミュニケーションをするとき，私たちの行動は私たちの社会アイデンティティによって導かれている。

インターパーソナル・コミュニケーション　予測のために使う情報が相手個人に関する情報に基づくコミュニケーションである。（グディカンスト）　2人あるいはそれ以上の人の間の，顔を突き合わせた情報の交換である。

オープン質問　一言で答えられない質問。

か

解釈（メッセージの解釈）　五感を通してメッセージを知覚し，意味を与えるプロセス。

外集団　自分が同一視しない集団。

価値　1つの文化で共有されている，何が良いか，何が悪いかに関すること。

感情移入　相手の経験に，知的および感情的に参加すること。（ベネット）

感情表出　感情を表すこと。

間接的言語スタイル　話し手の本当の意図を隠している言語表現のスタイル。
記号　何かを表すために慣例的に使われているもの。
記述　見たことの具体的な報告。最小限の歪曲，社会的意味を加えない報告である。
許容（あいまいさの許容）　交流に必要な情報の多くがわからないという状況でも効果的に対応する能力。
空間学　日常の会話における人と人の空間。家やオフィス，建物，街の空間的配置。
クローズド質問　回答が「はい」，「いいえ」あるいは短い表現になる質問。
言語的攻撃　個人の自己概念を攻撃する傾向。
行動的資源（コミュニケーションのための）　コミュニケーションの質を向上させるために用いる行動的スキル。
個人主義　個人を最も大切にするか（個人主義），集団を最も大切にするか（集団主義）に関する個人の優先。（トリアンディス）
コミュニケーション　メッセージを交換し，意味を創造するために記号を用いたプロセス。
コミュニケーション不安　多様なコミュニケーションコンテクストにおける恐れや不安の経験に対する比較的安定した傾向。
コンテクスト　コミュニケーションが起きるときの状況。（ホール）
　　ハイ・コンテクストは，言葉以外（例えば，ジェスチャーや体の向き，連想したもの）をメッセージとして時として多く用いる。
　　ロー・コンテクストは，メッセージの大半が言葉である。
コンフリクト　両立しない行動が起きたときに生じるもの。

さ

自己　現実に今ある自分としての自分自身。
自己開示　まだ相手に知らせていない，自分自身に関する情報を相手に話すこと。
自己概念　自分自身に対する見方。
自己中心的バイアス　自分自身の行動が標準であるとみて，他の人の行動を自分たちの行動と比較する傾向をいう。

システム　全体を構成する要素の相互的に独立している1つの単位。

自尊心　自分自身に対する肯定的あるいは否定的志向。

質問（積極的な方法）　不確実性を減少させる方策の1つ。観察という消極的な方法（第1）でなく，積極的な方法で相手に関する情報を手に入れる。直接相手とコミュニケーションをする（メッセージを交換する）（第3）のではなく，例えば相手を知っている人に質問する。

社会集団　共通するつながりを互いにもっていると自分自身を定義した2人以上の人々。

社会状況　2人あるいはそれ以上の人の交流。

集団的自尊心　社会集団を肯定的に評価すること。

詳述的言語スタイル　日常会話における表現に富む言語の使用。

スクリプト　集団の人々によって共有されている習慣的なコミュニケーションのパターン。

接近性の行動　感覚的刺激の行動。例えば注意を向けている行動，行為を伝える行動。

相互協調的自己観　他者から分かれていない，集団の部分としての自分自身の見方。

相互独立的自己観　自己は他者からはっきりと分かれている自分自身の見方。

た

体験学習　異文化の価値やカルチャーショックを体験あるいは疑似体験することからの学習。講義による知識学習と対照される。

チャンネル　メッセージが発信者から受信者へ伝達する手段である。

直接的言語スタイル　言語による主張がはっきりと話し手の意図を示すスタイル。

ディスカッション　基本5人の討議。1人の個人として参加する。

ディベート　基本3人によるグループとしての討議。

動作学　非言語のコミュニケーションに使う体の動き。

な

内集団　互いの幸せに関わり合い，見返りを望まない関係をもつ人々の集団。

認知 環境から合図を選択し，筋の通ったパターンにまとめ，パターンを解釈するプロセス。

認知の複雑性 人の行動を理解するために多くの概念を使用すること。

ノンバーバル・コミュニケーション 言葉以外による情報の交換をいう（状況，人間関係，ジェスチャー，顔の表情など）。

は

不安 何が起きるかについての心配や緊張の感情を含む情緒的反応。否定的な結果を予期することから生じる不安感情。

ファンタジー 出来事の創造的および想像的な共有された解釈。（ボーマン）

不確実性 自分自身および相手の態度や感情，価値観，行動を予測あるいは説明する認知的無能力。（バーガー）

不確実性志向 不確実性を減少させる情報を求めることに興味をもつ志向。

文化 我々の社会で演じられるゲームの我々の理論。

偏見 以前の決定や経験に基づく判断。（オールポート）

ま

マインドフル 行動に気づいていること。新しいカテゴリーを作る，新しい情報を受け入れる，1つ以上の見方をする，の3つのプロセスをいう。

メッセージ 意図的に送られるときに送り手から受け手に送られた内容，あるいは意図的に送られたときに受け手によって理解された内容。

メッセージの伝達 自分の考えや感情，態度を人が認識できる形にすること。

や

予測 説明である。なぜ人はそのように行動するのかという理由の説明。

あとがき

　バーガーの理論とグディカンストの理論に基づく教科書を今回上梓することになりました。グディカンストは1980年代にバーガー理論の公理と定理の検証を進め，トリアンディス，タジフェル，ジャイルズ，ランガー，ステファン，ホールといった研究者たちによる主に社会心理学と文化人類学の観点を導入し，独自の理論である不安／不確実性制御理論を構築しました。

　バーガーの不確実性減少理論は，相手から情報を得ること，不確実性を減少させること，効果的なコミュニケーションについて説明しています。グディカンストの理論は，そこからさらに深化させ，初期交流の不安と不確実性の制御に関しての解明を展開しました。そして，一般のコミュニケーションと文化背景の異なる人とのコミュニケーションについての２つのサブセオリーを構築しています。バーガーとグディカンストの理論は明らかに異りますが，一般には，少しあいまいに理解されている点があります。

　２年ほど前，バーガーからメールを受け取りました。それは，ICAの編集で近々，インターパーソナルの本を出版する，ついてはグディカンストの理論について書かないかというものでした。私は執筆を了解し，上記の点について明確に述べた概説を送りました。

　バーガーによるこの出版企画は，たいへん壮大なものでした。過去60年ほどのインターパーソナルコミュニケーションの研究を総括するもので，およそ2,000ページに及ぶ全３巻には，この領域で構築された理論，概念とプロセス，コンテクスト，研究方法の４部門についての解説が網羅されています。総数213名の研究者が執筆しました。

　Berger, Charles R., & Roloff, Michael E. (2016). *The International Encyclopedia of Interpersonal Communication.* Vols. I-III. Wiley Blackwell.

　著者（西田司）は，"Anxiety/Uncertainty Management Theory"（pp. 40-50）を執筆しました。グディカンストが亡くなって10余年が過ぎましたが，

あとがき

バーガーが与えてくれたその本への執筆機会に感謝しています。

　この企画でバーガーと連絡を取り合った際，四半世紀ほど前のグディカンストとの会話を懐かしく思い出しました。当時参加した学会で出会ったバーガーについて，ふだんに辛口のグディカンストが，「話しやすい，いい人に思う」とバーガーを賛美しました。私もその通りだと感じていたので，その意見の一致がとても心地よく，嬉しかったことが忘れられません。25年にわたってグディカンストと共同研究を続けられたのは，バーガーの理論がまずあったからだというのはゆるぎない事実であり，その結果を上記の本に残すことができたことをたいへんありがたく思っています。

　本書を，上記掲載論文の日本語解説としても活用していただければ幸いです。

著　者

索　引

あ

相手に対するステレオタイプ　14
アイデンティティ　20, 33
アウル　102
アルバトロス　97

い

異文化間コミュニケーション・ワークショップ　73
異文化トレーニング　75
インターグループ・コミュニケーション　20
インターパーソナル・コミュニケーション　16, 20

え

エコトノス　99

お

オープンの特徴　17
男らしさ　64-67
女らしさ　64-67

か

カーチマン，T.　33, 45
海外職業訓練協会　72-73
価値観の変化　17
カルチャーショック　77
感情的－個人的アプローチ　84

き

記号　11
記述のレベル　39
帰属の自信　21

キタヤマ，S.　53, 59

く

グディカンスト，W. B.　10, 18, 24, 29-30, 38, 40, 46, 66, 74-75, 77, 82, 86-88
クライシス　96
クリティカル・インシデント　105-111
クルー＆チャレンジ　98
グローバルプログラム　72-78

け

ケース・スタディ　78, 105
ゲシュタルト　90, 93
権力格差　68-70

こ

コーネル大学　81
個人主義　50-60
個人的自尊心　54-55
個人の心理情報　15
コミュニケーションの場の人物　14
コミュニケーション不安　34-35, 37
コンテクスト　61-63
コントラスト・アメリカン　99
誤解　12

さ

サグセット　95

し

システム　16-17
シミュレーション　90-104
社会集団の情報　15
集団主義　50-60

集団的自尊心　54-55
小集団の討議　18
シンシナティ大学　81
自己概念　20
自己気づきモデル　84
自己観　53-54
自尊心　54-55
実際的－機能的アプローチ　84
状況認知　21

す

スクリプト　26, 40
ステファン，W. & C.　26, 32, 45

せ

性格　20
接触仮説　88-89
説明の不確実性　21
説明のレベル　39
セルフ・コンフロンテーション技法　86-87, 103
全体と非合計の特徴　17

そ

相互依存の特徴　16
相互協調的自己観　53-54
相互独立的自己観　53-54

た

体験学習　86-87, 89-92
体験学習のサイクル　89-90
体験学習－文化一般のトレーニング　86-87
体験学習－文化特定のトレーニング　87
体験的アプローチ　85
対人認知　21
タグゲーム　103
態度の変化　17
大学モデル　82-83

ち

地域シミュレーションモデル　84
知識学習－文化一般のトレーニング　87
知識学習－文化特定のトレーニング　87
知識学習的－講義的アプローチ　84
知識学習モデル　84
チャンネル　13

つ

伝える手段　13

て

ディスカッション　16
伝達される状況　14

と

トーキング・ロック　104
トレーニングの形態とリスク　92
同化のプロセス　17

な

内集団　51, 54, 56, 58
内容と関係　13

に

人間関係トレーニング　86

は

バーガー，C. R.　10, 43
バーンガ　98
パーソナル・インベントリー・エクササイズ　102-103
バファバファ　97-98
ハマー，M.　82, 86-88

ひ

非言語ゲーム　94
ヒューマナス　100
ピッツバーグ大学　80

ふ

不安　21, 30-38
不安の下限　30-31
不安の上限　30-31
不安の制御　30-31
不安のレベル　35, 38
不安／不確実性制御理論　130
ファシリテイター　76
不確実性　21, 39-47
不確実性減少理論　130
不確実性志向　44
不確実性の回避　41-43
不確実性の減少　43-44
不確実性の定義　39-40
文化気づきモデル　84
文化集団の情報　15
プロセス　18-22, 23-25

へ

変化　17-18
変容　75-76

ほ

ホーリステック　90, 93
ホール，E. T.　61-62
ホエア・ドゥ・ユ・ドロー・ザ・ライン　104
ホフステード，G.　41, 45, 64, 66-68, 70

ま

マーカス，H.　53, 59
マークホール　101

み

マインドフル　21, 23-29
マクロスキー，J. C.　34-36

み

ミネソタ大学　73

む

ムード・ロック　77

め

メッセージ　11-14
メッセージの解釈　13-14
メッセージの交換　12-13

よ

予測　14-15
予測の不確実性　21
予測のレベル　39

ら

ラファラファ　103
ラベル・エクササイズ　100
ランガー，E.　23-24

り

リビング・イン・ア・グローバル・エイジ　101

れ

レクチャー　77, 92

ろ

ロール・プレー　94

著者略歴

西田　司（にしだ　つかさ）
現職：日本大学国際関係学部 教授
専攻：インターパーソナル理論
最終学歴：ミネソタ大学大学院スピーチ・コミュニケーション研究科。Ph.D.（1979年），日本大学博士（1999年）
主著：*Bridging Japanese/North American Differences.*（共著）Sage.
主論文："Anxiety/Uncertainty Management Theory"（pp. 40-50）in Berger, C. R. and Roloff, M. E.（Eds.）*The International Encyclopedia of Interpersonal Communication.* Vol. 1. Wiley Blackwell.

小川直人（おがわ　なおと）
現職：日本大学国際関係学部 教授
専攻：異文化コミュニケーション能力
最終学歴：オクラホマ大学大学院コミュニケーション研究科。Ph.D.（2007年）
主論文："Politeness Rules in Japan and the United States."（共著）*Intercultural Communication Studies*（1999）IX（1）, 47-68.
"Stress, Coping Behavior, and Social Support in Japan and the United States."『福岡国際大学紀要』（2011年）25, 1-14.

西田順子（にしだ　じゅんこ）
現職：日本大学経済学部 非常勤講師
専攻：文化情報・異文化トレーニング
最終学歴：日本大学大学院総合社会情報研究科修士課程（2010年）
主著：『親密化のコミュニケーション』（共著）北樹出版（2010年）
主論文：「異文化間コミュニケーション研究―日米異文化トレーニングの検証」修士論文（2010年）

グローバル社会のヒューマンコミュニケーション

2017年2月25日　第1刷発行
2021年5月8日　第3刷発行

著　者　西　田　　　司
　　　　小　川　直　人
　　　　西　田　順　子
発行者　片　倉　和　夫

発行所　株式会社　八朔社
101-0062 東京都千代田区神田駿河台1-7-7
Tel 03-5244-5289　　Fax 03-5244-5298
E-mail：hassaku-sha@nifty.com

ⓒ西田 司・小川直人・西田順子，2017　　組版・アベル社／印刷製本・藤原印刷
ISBN978-4-86014-083-0

―――― 八朔社 ――――

知的財産と標準化戦略 藤野仁三著	三五〇〇円
アメリカ知的財産権法 アーサー・R・ミラー他著／藤野仁三訳	三〇〇〇円
シリコンバレーで成功する秘訣 清成忠男監修／東北産業活性化センター編	二〇〇〇円
国益を損なう英会話力不足 ――英語教育改革への提言 ㈶東北産業活性化センター編	二二〇〇円
文化とコミュニケーション デニス・S・ガウラン／西田司編著	一七四八円
新世紀社会と人間の再生 北村寧／佐久間孝正／藤山嘉夫編著	三五〇〇円

定価は本体価格です